Slovene

lonely planet

Fast Talk Slovene
1st edition – March 2007

Published by
Lonely Planet Publications Pty Ltd ABN 36 005 607 983
90 Maribyrnong St, Footscray, Victoria 3011, Australia

Lonely Planet Offices
Australia Locked Bag 1, Footscray, Victoria 3011
USA 150 Linden St, Oakland CA 94607
UK 72-82 Rosebery Ave, London, EC1R 4RW

Publishing Manager Chris Rennie
Commissioning Editor Karin Vidstrup Monk
Project Manager Adam McCrow
Series Designer Yukiyoshi Kamimura
Layout Designer Jessica Rose
Editors Vanessa Battersby & Branislava Vladisavljevic

Also thanks to Urška Pajer

Photography
Façade of Cooperative Bank Building by Richard I'anson
© Lonely Planet Images

ISBN 978 174179 106 8

text © Lonely Planet Publications Pty Ltd 2007

10 9 8 7 6 5 4 3 2

Printed by the Bookmaker International Ltd
Printed in China

All rights reserved. No part of this publication may be reproduced, stored in a retrieval system or transmitted in any form by any means, electronic, mechanical, photocopying, recording or otherwise, except brief extracts for the purpose of review, without the written permission of the publisher.

Lonely Planet, the Lonely Planet logo, Lonely Planet Images, CitySync and ekno are trade marks of Lonely Planet Publications Pty Ltd. Other trade marks are the property of their respective owners.

> Although the authors and Lonely Planet try to make the information as accurate as possible, we accept no responsibility for any loss, injury or inconvenience sustained by anyone using this book.

CONTENTS

CHAT — 6

- Meeting & greeting......6
- Essentials......6
- Breaking the language barrier......8
- Personal details......9
- Occupations & study......10
- Age......11
- Feelings......11
- Beliefs......12
- Weather......12

EXPLORE — 13

- Doing the sights......13
- Gallery & museum hopping......14
- Getting in......15
- Tours......15
- Top 5 outdoor activities......17
- Top 10 sights......18

SHOP — 20

- Essentials......20
- Hot shop spots......21
- Paying......22
- Clothes & shoes......22
- Books & music......23
- Photography......24

ENJOY — 26

- What's on?......26
- Meeting up......27
- Small talk......27

EAT & DRINK — 28

- Choosing & booking......28
- Eateries......29
- Ordering......30
- Nonalcoholic drinks......30
- Vino (wines)......31
- Alcoholic drinks......32
- In the bar......32
- Buying food......33
- Special diets & allergies......33
- Menu decoder......34
- On the menu......35

3

CONTENTS

SERVICES 45

Post office 45
Bank 45
Phone 46
Mobile/cell phone 47
Internet 48

GO 49

Directions 49
Getting around 50
Tickets & luggage 51
Bus, train & taxi 53
Car & motorbike hire 54
Road signs 55

SLEEP 56

Finding accommodation 56
Booking ahead & checking in ... 56
Requests & queries 58
Checking out 59

WORK 60

Introductions 60
Business needs 60
After the deal 61

HELP 62

Emergencies 62
Police 62
Health 64
Symptoms, conditions
  & allergies 65

LOOK UP 67

Numbers 67
Colours 67
Times & dates 68
English–Slovene dictionary 70
Slovene–English dictionary 84

Language name: Slovene
Slovene is known to its native speakers as *slovenščina* **slo·vensh·chee·na**.

Language family: South Slavic
Slovene belongs to the South Slavic family of languages and is closely related to Croatian and Serbian. It also shares some features with the more distantly related West Slavic languages, Czech and Slovak.

Key country: Slovenia
In addition to being the national language 'on the sunny side of the Alps' (ie in Slovenia), Slovene is spoken by around 100,000 people in northeast Italy and 40,000 in Austria. There are also Slovene speakers in Argentina, Australia, Canada, Croatia, Hungary, Serbia and the USA.

Approximate number of speakers:
Around 2 million people speak Slovene worldwide.

Grammar:
The structure of Slovene is quite different from English as Slovene belongs to another language family. In common with German, Slovene has both case and gender – meaning that nouns, pronouns and adjectives change form according to their grammatical roles and whether they're masculine, feminine or neuter.

Pronunciation:
Almost all of the sounds of Slovene can be found in English. You'll be surprised how easy it is to pronounce Slovene words.

Abbreviations used in this book:

m	masculine	sg	singular	pol	polite
f	feminine	pl	plural	inf	informal
n	neuter				

CHAT
Meeting & greeting

Hello.	Zdravo.	zdra·vo
Good morning.	Dobro jutro.	dob·ro yoot·ro
Good day.	Dober dan.	do·ber dan
Good evening.	Dober večer.	do·ber ve·cher
Goodbye.	Na svidenje.	na svee·den·ye
Bye.	Adijo.	a·dee·yo
See you later.	Se vidiva.	se vee·dee·va
Mr	Gospod	gos·pod
Ms/Mrs	Gospa	gos·pa
Miss	Gospodična	gos·po·deech·na
How are you?	Kako ste/si? pol/inf	ka·ko ste/see
Fine, thanks.	Dobro, hvala.	dob·ro hva·la
And you?	Pa vi/ti? pol/inf	pa vee/tee

Essentials

Yes.	Da.	da
No.	Ne.	ne
Please.	Prosim.	pro·seem
Thank you (very much).	Hvala (lepa).	hva·la (le·pa)
You're welcome.	Ni za kaj.	nee za kai
Excuse me.	Dovolite.	do·vo·lee·te
Sorry.	Oprostite.	op·ros·tee·te

What's your name?
   Kako vam/ti je ime? pol/inf   ka·*ko* vam/tee ye ee·*me*

My name is ...
   Ime mi je ...   ee·*me* mee ye ...

I'd like to introduce you to ...
   Rad bi vam predstavil ... m   rad bee vam pred·*sta*·veew ...
   Rada bi vam predstavila ... f   *ra*·da bee vam pred·*sta*·vee·la ...

I'm pleased to meet you.
   Veseli me, da sem vas   ve·se·*lee* me da sem vas
   spoznal/spoznala. m/f   spoz·*now*/spoz·*na*·la

It's been great meeting you.
   Lepo vas je bilo spoznati.   le·*po* vas ye bee·*lo* spoz·*na*·tee

How long are you here for?
   Kako dolgo ostanete?   ka·*ko* doh·go o·*sta*·ne·te

I'm here for (two) days/weeks.
   Ostanem (dva) dni/tedna.   o·*sta*·nem (dva) dnee/*ted*·na

This is my ...	*To je moj/moja ...* m/f	to ye moy/*mo*·ya ...
child	*otrok* m	ot·*rok*
colleague	*sodelavec* m	so·*de*·la·vets
	sodelavka f	so·*de*·lav·ka
friend	*prijatelj* m	pree·*ya*·tel
	prijateljica f	pree·*ya*·tel·yee·tsa
husband	*mož* m	mozh
partner	*partner* m	*part*·ner
	partnerka f	*part*·ner·ka
wife	*žena* f	*zhe*·na

I'm here ...	*Tu sem ...*	too sem ...
for a holiday	*na počitnicah*	na po·*cheet*·nee·tsah
on business	*poslovno*	po·*slov*·no
to study	*študijsko*	*shtoo*·deey·sko
with my family	*z družino*	z droo·*zhe*·no

CHAT

7

CHAT

Here's my ...	*Tu je moj/*	too ye moy/
	moja ... m/f	*mo*·ya ...
What's your ...?	*Kakšen je vaš ...?* m	*kak*·shen ye vash ...
	Kakšna je vaša ...? f	*kak*·shna ye *va*·sha ...
(email) address	*(elektronski)*	(e·lek·*tron*·skee)
	naslov m	nas·*loh*
fax number	*številka faksa* f	shte·*veel*·ka *fak*·sa
home number	*domača*	do·*ma*·cha
	številka f	shte·*veel*·ka
mobile number	*številka*	shte·*veel*·ka
	mobilnega	mo·*beel*·ne·ga
	telefona f	te·le·*fo*·na
work number	*službena*	*sloozh*·be·na
	številka f	shte·*veel*·ka

Breaking the language barrier

Do you speak English?
  Ali govorite angleško?   *a*·lee go·vo·*ree*·te ang·*lesh*·ko

Does anyone speak English?
  Ali kdo govori angleško?   *a*·lee kdo go·vo·*ree* ang·*lesh*·ko

Do you understand?
  Ali razumete?   *a*·lee ra·*zoo*·me·te

I (don't) understand.
  (Ne) Razumem.   (ne) ra·*zoo*·mem

I speak a little Slovene.
  Govorim malo slovensko.   go·vo·*reem ma*·lo slo·*ven*·sko

What does (*danes*) mean?
  Kaj pomeni (danes)?   kai po·*me*·nee (*da*·nes)

Could you repeat that?
  Lahko ponovite?   lah·*ko* po·no·*vee*·te

8

How do you ...?	Kako se ...?	ka·*ko* se ...
pronounce	izgovori to	eez·go·vo·*ree* to
this word	besedo	be·*se*·do
write (*hvala*)	napiše (hvala)	na·*pee*·she (*hva*·la)
Could you please ...?	Prosim ...	*pro*·seem ...
speak more slowly	govorite počasneje	go·vo·*ree*·te po·cha·*sne*·ye
write it down	napišite	na·*pee*·shee·te

Personal details

Where are you from?	Od kod ste?	od kod ste
I'm from ...	Sem iz ...	sem eez ...
Australia	Avstralije	avs·*tra*·lee·ye
Canada	Kanade	*ka*·na·de
New Zealand	Nove Zelandije	*no*·ve ze·*lan*·dee·ye
the UK	Velike Britanije	*ve*·lee·ke bree·*ta*·nee·ye
the USA	Združenih držav	*zdroo*·zhe·neeh dr·*zhav*
Are you married?	Ste poročeni?	ste po·ro·*che*·nee
I'm ...	Sem ...	sem ...
married	poročen m	po·ro·*chen*
	poročena f	po·ro·*che*·na
separated/divorced	ločen m	*lo*·chen
	ločena f	*lo*·che·na
single	samski m	*sam*·skee
	samska f	*sam*·ska

CHAT

Occupations & study

What do you do?	Kaj ste po poklicu?	kai ste po pok·*lee*·tsoo
I'm a/an …	Sem …	sem …
architect	arhitekt m	ar·hee·*tekt*
	arhitektka f	ar·hee·*tekt*·ka
teacher	učitelj m	oo·*chee*·tel'
	učiteljica f	oo·*chee*·tel·yee·tsa
tradesperson	trgovec m	tuhr·*go*·vets
	trgovka f	tuhr·*gov*·ka
writer	pisatelj m	pee·*sa*·tel'
	pisateljica f	pee·*sa*·tel·yee·tsa
I work in …	Delam v …	*de*·lam v …
education	šolstvu	*shol*·stvoo
hospitality	gostinstvu	gos·*teen*·stvoo
sales & marketing	prodaji	pro·*da*·yee
I'm …	Sem …	sem …
retired	upokojen m	oo·po·*ko*·yen
	upokojena f	oo·po·*ko*·ye·na
unemployed	brezposeln m	brez·*po*·seln
	brezposelna f	brez·*po*·sel·na
What are you studying?	Kaj študiraš?	kai shtoo·*dee*·rash
I'm studying …	Študiram …	shtoo·*dee*·ram …
business	ekonomijo	e·ko·no·*mee*·yo
languages	jezike	ye·*zee*·ke
science	naravoslovje	na·ra·vo·*slov*·ye

For other occupations, see the dictionary in **LOOK UP**, page 70.

Age

How old ...?	Koliko ...?	ko·lee·ko ...
are you	ste stari pol	ste sta·ree
	si star inf m	see star
	si stara inf f	see sta·ra
is your daughter	je stara vaša hči	ye sta·ra va·sha hchee
is your son	je star vaš sin	ye star vash seen

| I'm ... years old. | Imam ... let. | ee·mam ... let |
| He/She is ... years old. | ... let ima. | ... let ee·ma |

Feelings

I'm ...	... sem.	... sem
hungry	Lačen/Lačna m/f	la·chen/lach·na
thirsty	Žejen/Žejna m/f	zhe·yen/zhey·na

I'm not ...	Nisem ...	nee·sem ...
hungry	lačen/lačna m/f	la·chen/lach·na
thirsty	žejen/žejna m/f	zhe·yen/zhey·na

Are you ...?	Ste ...?	ste ...
hungry	lačni	lach·nee
thirsty	žejni	zhey·nee

Are you hot?	Vam je vroče?	vam ye vro·che
I'm hot.	Vroče mi je.	vro·che mee ye
I'm not hot.	Ni mi vroče.	nee mee vro·che
Are you cold?	Vas zebe?	vas ze·be
I'm (not) cold.	(Ne) Zebe me.	(ne) ze·be me
Are you in a hurry?	Se vam mudi?	se vam moo·dee
I'm (not) in a hurry.	(Ne) Mudi se mi.	(ne) moo·dee se mee

CHAT

CHAT

Beliefs

I'm ...	Sem ...	sem ...
I'm not ...	Nisem ...	nee·sem ...
agnostic	agnostik m&f	ag·nos·teek
Buddhist	budist m	boo·deest
	budistka f	boo·deest·ka
Catholic	katolik m	ka·to·leek
	katoličanka f	ka·to·lee·chan·ka
Christian	kristjan m	kreest·yan
	kristjanka f	kreest·yan·ka
Hindu	hindujec m	heen·doo·yets
	hindujka f	heen·dooy·ka
Jewish	žid m	zheed
	židinja f	zhee·dee·nya
Muslim	musliman m	moo·slee·man
	muslimanka f	moo·slee·man·ka
religious	veren/verna m/f	ve·ren/ver·na

Weather

What's the weather like?
Kakšno je vreme? *kak·shno ye vre·me*

Today it's ...	Danes je ...	da·nes ye ...
cold	hladno	hlad·no
freezing	mrzlo	muhr·zlo
hot	vroče	vro·che
sunny	sončno	son·chno
warm	toplo	top·lo
windy	vetrovno	vet·roh·no

| It's raining. | Dežuje. | de·zhoo·ye |
| It's snowing. | Sneži. | sne·zhee |

EXPLORE
Doing the sights

Do you have information on local places of interest?
Imate informacije o bližnjih turističnih točkah?
ee·*ma*·te een·for·*ma*·tsee·ye o *bleezh*·nyeeh too·*rees*·teech·neeh *toch*·kah

I have (one day).
Imam (en dan) časa.
ee·*mam* (en dan) *cha*·sa

Can we hire a guide?
Lahko najamem vodnika?
lah·*ko* na·*ya*·mem vod·*nee*·ka

I'd like to see …
Želim videti …
zhe·*leem* vee·de·tee …

What's that?
Kaj je to?
kai ye to

Who made it?
Kdo je to ustvaril?
kdo ye to oost·*va*·reel

How old is it?
Kako staro je?
ka·*ko* sta·ro ye

Could you take a photograph of me?
Me lahko fotografirate?
me lah·*ko* fo·to·gra·*fee*·ra·te

Can I take photographs (of you)?
(Vas) Lahko fotografiram?
(vas) lah·*ko* fo·to·gra·*fee*·ram

I'd like a/an …	*Želim …*	zhe·*leem* …
audio set	*avdio posnetek*	ow·*dee*·o pos·*ne*·tek
catalogue	*katalog*	ka·ta·*log*
guidebook in English	*vodnik v angleščini*	vod·*neek* v ang·*lesh*·chee·nee
local map	*zemljevid kraja*	zem·lye·*veed* kra·ya

EXPLORE

13

Gallery & museum hopping

When's the ...	Kdaj je ...	kdai ye ...
open?	odprt/odprta? m/f	od-*puhrt*/od-*puhr*-ta
gallery	galerija f	ga-le-*ree*-ya
museum	muzej m	moo-*zey*

What's in the collection?
Kaj je v zbirki? — kai ye v *zbeer*-kee

What do you think of ...?
Kaj mislite o ...? — kai *mees*-lee-te o ...

What kind of art are you interested in?
Kakšna umetnost vas zanima? — *kak*-shna oo-*met*-nost vas za-*nee*-ma

It's an exhibition of ...
To je razstava ... — to ye raz-*sta*-va ...

I'm interested in ...
Zanima me ... — za-*nee*-ma me ...

I like the works of ...
Všeč so mi dela ... — vshech so mee *de*-la ...

It reminds me of ...
Spominja me na ... — spo-*meen*-ya me na ...

art ...	... umetnost	... oo-*met*-nost
graphic	grafično	*gra*-feech-no
impressionist	impresio-nistično	eem-pre-*see*-o-*nees*-teech-no
modernist	modernistično	mo-der-*nees*-teech-no
Renaissance	renesančno	re-ne-*sanch*-no

EXPLORE

Getting in

What time does it open/close?
Kdaj se odpre/zapre? — kdai se od·*pre*/za·*pre*

What's the admission charge?
Koliko stane vstopnica? — ko·lee·ko *sta*·ne *vstop*·nee·tsa

It's (seven euros).
Stane (sedem evrov). — *sta*·ne (*se*·dem *ev*·rov)

Is there a discount for …?	*Je kakšen popust za …?*	ye *kak*·shen po·*poost* za …
children	*otroke*	ot·*ro*·ke
families	*družine*	droo·*zhee*·ne
groups	*skupine*	skoo·*pee*·ne
pensioners	*upokojence*	oo·po·*ko*·yen·tse
students	*študente*	shtoo·*den*·te

Tours

When's the next …?	*Kdaj je naslednji …?*	kdai ye nas·*led*·nyee …
boat trip	*izlet s čolnom*	eez·*let* s *choh*·nom
day trip	*dnevni izlet*	*dnev*·nee eez·*let*
excursion	*daljši izlet*	*dal'*·shee eez·*let*
tour	*izlet*	eez·*let*
Can you recommend a …?	*Lahko priporočite …?*	lah·*ko* pree·po·ro·*chee*·te …
boat trip	*izlet s čolnom*	eez·*let* s *choh*·nom
day trip	*dnevni izlet*	*dnev*·nee eez·*let*
excursion	*daljši izlet*	*dal'*·shee eez·*let*
tour	*izlet*	eez·*let*

Is ... included?	*Je ... vključena?*	ye ... *vklyoo*·che·na
accommodation	*nastanitev*	nas·ta·*nee*·tev
the admission charge	*vstopnina*	vstop·*nee*·na
equipment	*oprema*	o·*pre*·ma
food	*hrana*	*hra*·na

Is transport included?
Je prevoz vključen? — ye pre·*voz* vklyoo·chen

Do I need to take ... with me?
Moram s seboj vzeti ...? — *mo*·ram s se·*boy* vze·tee ...

The guide will pay.
Plačal bo vodnik. — *pla*·chow bo vod·*neek*

The guide has paid.
Plačal je vodnik. — *pla*·chow ye vod·*neek*

How long is the tour?
Kako dolg je izlet? — ka·*ko* dohg ye eez·*let*

What time should I be back?
Kdaj se vrnemo? — kdai se *vuhr*·ne·mo

Be back here at ...
Vrnite se sem ob ... — vuhr·*nee*·te se sem ob ...

I'm with them.
Z njimi sem. — z *nyee*·mee sem

I've lost my group.
Izgubil/Izgubila sem svojo skupino. m/f — eez·*goo*·beew/eez·goo·*bee*·la sem *svo*·yo skoo·*pee*·no

Have you seen a group of (Australians)?
Ste videli skupino (Avstralcev)? — ste *vee*·de·lee skoo·*pee*·no (av·*stral*·tsev)

Top 5 outdoor activities

You want outdoor activities? You've got them. Slovenia offers some of Europe's best skiing, kayaking, hiking and horse riding.

Skiing:
Mariborsko Pohorje　　　*ma*·ree·bor·sko *po*·hor·ye

Just about every Slovene takes to the slopes during the ski season. The Mariborsko Pohorje ski grounds are Slovenia's largest: 64km of slopes (7km illuminated at night), 30km of cross-country trails and 21 ski lifts and tows.

Kayaking:
Reka Krka　　　re·ka *kuhr*·ka

The fast-flowing Krka River offers excellent kayaking and canoeing at Žužemberk, Krka and Novo Mesto.

Hiking:
Triglavski narodni park　　　*trig*·lav·skee *na*·rod·nee park

Triglav National Park includes almost all of the Julian Alps lying within Slovenia. Explore its ravines, canyons, caves, rivers, streams, forests and alpine meadows, or climb Triglav (2864m), Slovenia's highest peak.

Horse riding:
Lipica　　　*lee*·pee·tsa

Learn to ride at Lipica's famous stud farm, home of the beautiful Lipizzaner horses. There's a range of one-hour classes and week-long courses for beginners and those wanting to brush up their dressage.

Taking the waters:
Dolenjske Toplice　　　do·*len'*·ske top·*lee*·tse

This thermal resort is the oldest of the few real spa towns in Slovenia. Located in the karst valley of the Krka River, Dolenjske Toplice's *sine qua non* is taking the warm mineral water at its thermal pools.

Top 10 sights

Tiny Slovenia packs in a lot for its size: it's not known as 'a mouse that roars' for nothing! Here are a few of the highlights of this pint-sized gem:

Ljubljana   lyoob·*lya*·na
In many ways, Ljubljana feels more like a pleasant, peaceful town than a national capital. In spring and summer, café tables spill into the narrow streets of the Old Town and Ljubljana becomes a little Prague without the crowds (or the hype), or a more intimate Budapest.

Bled   bled
With its emerald-green lake, picture-postcard church on an islet and the Julian Alps as a backdrop, Bled is Slovenia's most popular resort. On a clear day you see Slovenia's highest peak, Triglav, in the distance, and then the bells from the little island church start ringing. It's magical.

Lipica   *lee*·pee·tsa
In 1580, the Austrian Archduke Charles established a stud farm in Lipizza to breed horses for the Spanish Riding School in Vienna. Andalusian horses were coupled with the local Karst breed – and the famous Lipizzaner was born. Today, 200 Lipizzaners remain at the original farm and are ridden in daily exhibitions; 60 are available for riding by visitors.

Bovec   *bo*·vets
Bovec, 'capital' of the Upper Soča Valley (Gornje Posočje), has a great deal to offer adventure-sports enthusiasts. With the Julian Alps above, the Soča River below and Triglav National Park at the back door, you could spend a week hiking, kayaking, mountain biking and, in winter, skiing at Slovenia's highest ski station without ever doing the same thing twice.

Predjamski Grad   pred·*yam*·skee grad
Situated in the gaping mouth of a cavern halfway up a 123m cliff, Predjama Castle has one of the most dramatic settings anywhere. Although a castle has stood on the site since 1202, the one you see today dates from the 16th century, and still looks unconquerable.

Kočevski Rog   ko·*chev*·skee rog
One of the most pristine areas in Slovenia, Kočevski Rog has been a protected nature area for more than a hundred years, and six virgin forests, covering an area of more than 200 hectares, are preserved here.

Ptuj   ptooy
Ptuj, which, to English ears sounds vaguely like someone spitting from a great height, began life as a Roman military outpost on the right (or southern) bank of the Drava River. One of the oldest towns in Slovenia, it equals the capital Ljubljana in terms of historical importance. Its compact medieval core has a castle, museums, monasteries and churches.

Bogojina   bo·go·*yee*·na
The flower-bedecked village of Bogojina (population 575) contains the striking Parish Church of the Ascension redesigned by Jože Plečnik between 1926 and 1927. To the original Romanesque and baroque structure, Plečnik added two asymmetrical aisles and a round tower reminiscent of a ship's crow's nest. The interior is an odd mixture of black marble, brass, wood and brick; the oak-beamed ceiling is bedecked with Prekmurje ceramic plates and jugs.

Šempeter   shem·*pe*·ter
Šempeter is the site of a Roman necropolis (*Rimska Nekropola* reem·ska ne·*kro*·po·la) that was reconstructed between 1952 and 1966. The burial ground contains four complete tombs and scores of columns, stelae and fragments carved with portraits, mythological creatures and scenes from daily life.

Logarska Dolina   *lo*·gar·ska do·*lee*·na
Most of the glacial 'Forester Valley' – about 7.5km long and no more than 500m wide – has been a country park of 2438 hectares since 1987. This 'pearl of the Alpine region' with more than 30 natural attractions, such as caves, springs, peaks and waterfalls, is a wonderful place to explore for a few days.

SHOP
Essentials

Where's a …?   *Kje je …?*   kye ye …
    department store   *blagovnica*   bla-*gov*-nee-tsa
    market   *tržnica*   *tuhrzh*-nee-tsa
    supermarket   *trgovina*   tuhr-go-*vee*-na

Where can I buy …?
    Kje lahko kupim …?   kye lah-*ko* koo-peem …

I'd like to buy …
    Želim kupiti …   zhe-*leem* koo-*pee*-tee …

I'm just looking.
    Samo gledam.   sa-*mo gle*-dam

Do you have any others?
    Imate še kakšnega/   ee-*ma*-te she *kak*-shne-ga/
    kakšno? m/f   *kak*-shno

Can I look at it?
    Lahko pogledam?   lah-*ko* pog-*le*-dam

Does it have a guarantee?
    Ali ima garancijo?   *a*-lee ee-*ma* ga-ran-*tsee*-yo

Can I have it sent abroad?
    Lahko pošljem v tujino?   lah-*ko posh*-lyem v too-*yee*-no

Can I pick it up later?
    Lahko pridem ponj/ponjo   lah-*ko pree*-dem pon'/*pon*-yo
    kasneje? m/f   kas-*ne*-ye

Could I have it wrapped?
    Mi lahko zavijete?   mee lah-*ko* za-*vee*-ye-te

Could I have a bag, please?
    Lahko dobim vrečko, prosim?   lah-*ko* do-*beem vrech*-ko *pro*-seem

It's faulty.	Ne deluje.	ne de·*loo*·ye
I'd like …, please.	Želim …, prosim.	zhe·*leem* … *pro*·seem
my money back	nazaj svoj denar	na·*zai* svoy de·*nar*
to return this	vrniti	vuhr·*nee*·tee
	kupljeno	koop·*lye*·no

Hot shop spots

Ljubljana is not what you'd call a shopper's paradise, but there's plenty on offer here in the way of folk art, antiques, music, wine and even fashion. Here's a sampling of the best stores in town:

Antika Ferjan (1st floor, Mestni trg 21) – a large shop with Slovenian and other European antiques

Antikvitete Novak (Kongresni trg 1) – a superb gallery of both old and new art and artefacts

Almira Sadar (Tavčarjeva ulica 6) – uniquely patterned women's foundation pieces (underwear) and accessories in natural materials from one of Slovenia's leading designers

Skrina (Breg 8) – the best shop for distinctly Slovenian folk craft: black pottery, lace, beehive panels with folk motifs, decorated heart-shaped honey cakes, painted Easter eggs, glassware, colourful bridal chests

MCD Shop (Miklošičeva cesta 2) – Ljubljana's best music shop, with informed, helpful staff

Movia Vinoteka (Mestni trg 2) – the best place to buy (and taste) Slovenian wine

Paying

How much is this?
 Koliko stane? — ko·lee·ko *sta*·ne

Can you write down the price?
 Lahko napišete ceno? — lah·*ko* na·*pee*·she·te *tse*·no

That's too expensive.
 To je predrago. — to ye pre·dra·*go*

Do you have something cheaper?
 Imate kaj cenejšega? — ee·*ma*·te kai tse·*ney*·she·ga

I'll give you (five) euros.
 Ponudim vam (pet) evrov. — po·*noo*·deem vam (pet) *ev*·rov

I'd like my change, please.
 Želim drobiž, prosim. — zhe·*leem* dro·*beezh pro*·seem

Can I have smaller notes?
 Lahko dobim manjše bankovce? — lah·*ko* do·*beem* man'·she *ban*·kov·tse

Could I have a receipt, please?
 Lahko prosim dobim račun? — lah·*ko pro*·seem do·*beem* ra·*choon*

Do you accept …? *Ali sprejemate …?* — a·lee spre·ye·ma·te …
 credit cards *kreditne kartice* — kre·*deet*·ne *kar*·tee·tse
 debit cards *debetne kartice* — de·*bet*·ne *kar*·tee·tse
 travellers cheques *potovalne čeke* — po·to·*val*·ne *che*·ke

Clothes & shoes

I'm looking for … *Iščem …* — *eesh*·chem …
 jeans *džins* — dzheens
 shoes *čevlje* — *chev*·lye
 underwear *spodnje perilo* — *spod*·nye pe·*ree*·lo

SHOP

22

small	majhen	*mai*·hen
medium	srednje velik	*sred*·nye *ve*·leek
large	velik	*ve*·leek

Can I try it on?
 Lahko pomerim? — lah·*ko* po·*me*·reem

My size is (42).
 Nosim številko — *no*·seem shte·*veel*·ko
 (dvainštirideset). — (dva·een·*shtee*·ree·de·set)

It doesn't fit.
 Ni mi prav. — nee mee prow

Books & music

I'm looking for a/an (English-language) ...	Iščem (angleški/ angleško) ... m/f	eesh·chem (ang·*lesh*·kee/ ang·*lesh*·ko) ...
book by ...	knjigo avtorja ... f	*knyee*·go *av*·tor·ya ...
bookshop	knjigarno f	knyee·*gar*·no
entertainment guide	vodnik po priredtivah m	vod·*neek* po pree·re·*deet*·vah
section	oddelek m	od·*de*·lek

I'd like (a) ...	Želim ...	zhe·*leem* ...
CD	zgoščenko	zgosh·*chen*·ko
headphones	slušalke	sloo·*shal*·ke
map	zemljevid	zem·lye·*veed*
newspaper (in English)	časopis (v angleščini)	cha·so·*pees* (v ang·*lesh*·chee·nee)
pen	pisalo	pee·*sa*·lo
postcard	razglednico	raz·*gled*·nee·tso
some sheets of paper	nekaj listov papirja	*ne*·kai *lees*·tov pa·*peer*·ya

SHOP

23

I heard a band called …
 Slišal sem skupino,   *slee*·show sem skoo·*pee*·no
 ki se imenuje …   kee se ee·me·*noo*·ye …
What's their best recording?
 Katera je njihova   ka·*te*·ra ye *nyee*·ho·va
 najboljša plošča?   *nai*·bol'·sha *plosh*·cha
Can I listen to this?
 Lahko poslušam tole?   lah·*ko* po·*sloo*·sham *to*·le
Is this a pirated copy?
 Je to piratska kopija?   ye to pee·*rat*·ska *ko*·pee·ya

Photography

Can you …?	Ali …?	*a*·lee …
print digital photos	tiskate digitalne fotografije	*tees*·ka·te dee·gee·*tal*·ne fo·to·gra·*fee*·ye
recharge the battery for my digital camera	lahko napolnim baterije za moj digitalni fotoaparat	lah·*ko* na·*poh*·neem ba·te·*ree*·ye za moy dee·gee·*tal*·nee fo·to·a·pa·*rat*
transfer photos from my camera to CD	lahko prenesete fotografije z mojega fotoaparata na CD	lah·*ko* pre·*ne*·se·te fo·to·gra·*fee*·ye z *mo*·ye·ga fo·to·a·pa·*ra*·ta na tse de
Can you …?	Lahko …?	lah·*ko* …
develop this film	razvijete ta film	raz·*vee*·ye·te ta feelm
load this film	vstavite ta film	*vsta*·vee·te ta feelm

I need a/an ...	Potrebujem ...	pot·re·*boo*·yem ...
film for this	film za ta	feelm za ta
camera.	fotoaparat.	fo·to·a·pa·*rat*
APS	APS	a pe es
B&W	črno-bel	*chuhr*·no·be·oo
colour	barvni	*barv*·nee
(400) speed	(štiristo) ASA	(*shtee*·ree·sto) *a*·sa

Can I have my camera repaired here?
  Popravljate fotografske   pop·*rav*·lya·te fo·to·*graf*·ske
  aparate?   a·pa·*ra*·te

I need a slide film for this camera.
  Potrebujem film za   pot·re·*boo*·yem feelm za
  diapozitive za ta   dee·a·po·zee·*tee*·ve za ta
  fotoaparat.   fo·to·a·pa·*rat*

How much is it to develop this film?
  Koliko stane razvijanje   ko·lee·ko *sta*·ne raz·*vee*·yan·ye
  tega filma?   *te*·ga *feel*·ma

When will it be ready?
  Kdaj bo gotovo?   kdai bo go·*to*·vo

I'm not happy with these photos.
  S temi fotografijami   s *te*·mee fo·to·gra·*fee*·ya·mee
  nisem zadovoljen/   *nee*·sem za·do·*vol*·yen/
  zadovoljna. m/f   za·do·*vol'*·na

I don't want to pay the full price.
  Ne bom plačal/plačala   ne bom *pla*·chow/*pla*·cha·la
  polne cene. m/f   *poh*·ne *tse*·ne

I need a passport photo taken.
  Potrebujem fotografijo   po·tre·*boo*·yem fo·to·gra·*fee*·yo
  za potni list.   za *pot*·nee leest

SHOP

25

ENJOY
What's on?

Is there a local entertainment guide?
Imate lokalni vodnik   ee·*ma*·te lo·*kal*·nee vod·*neek*
po prireditvah?   po pree·re·*deet*·vah

Is there a local film guide?
Imate lokalni filmski   ee·*ma*·te lo·*kal*·nee *feelm*·skee
vodnik?   vod·*neek*

What's on …?	*Kaj se dogaja …?*	kai se do·*ga*·ya …
locally	*v bližini*	v blee·*zhee*·nee
this weekend	*ta konec tedna*	ta *ko*·nets *ted*·na
today	*danes*	*da*·nes
tonight	*nocoj*	no·*tsoy*

Where are …?	*Kje so …?*	kye so …
gay venues	*gejevski lokali*	*ge*·yev·skee lo·*ka*·lee
places to eat	*restavracije*	res·tav·*ra*·tsee·ye
pubs	*bari*	*ba*·ree

I feel like going	*Želim*	zhe·*leem*
to a/the …	*obiskati …*	o·bees·*ka*·tee …
ballet	*baletno predstavo*	ba·*let*·no pred·*sta*·vo
bar	*bar*	bar
café	*kavarno*	ka·*var*·no
concert	*koncert*	kon·*tsert*
karaoke bar	*karaoke*	ka·ra·*o*·ke
movies	*kino predstavo*	*kee*·no pred·*sta*·vo
nightclub	*nočni klub*	*noch*·nee kloob
party	*zabavo*	za·*ba*·vo
restaurant	*restavracijo*	res·tav·*ra*·tsee·yo
theatre	*gledališče*	gle·da·*leesh*·che

Meeting up

When/Where shall we meet?
Kdaj/Kje se dobiva?   kdai/kye se do·*bee*·va

Let's meet at …	*Dobiva se …*	do·*bee*·va se …
(eight) o'clock	*ob (osmih)*	ob (*os*·meeh)
the entrance	*pri vhodu*	pree *vho*·doo

Small talk

Do you like …?	*Ali vam je všeč …?*	*a*·lee vam ye vshech …
I like …	*Všeč mi je …*	vshech mee ye …
I don't like …	*Ni mi všeč …*	nee mee vshech …
art	*umetnost*	oo·*met*·nost
cooking	*kuhanje*	*koo*·han·ye
music	*glasba*	*glas*·ba
reading	*branje*	*bran*·ye
shopping	*nakupovanje*	na·koo·po·*van*·ye
sport	*šport*	shport

Do you like to …?	*Ali rad/ rada …?*	*a*·lee rad/ *ra*·da …
dance	*plešeš*	*ple*·shesh
go to concerts	*hodiš na koncerte*	*ho*·deesh na kon·*tser*·te
listen to music	*poslušaš glasbo*	po·*sloo*·shash *glas*·bo
sing	*poješ*	*po*·yesh

I don't like …	*Ne maram …*	ne *ma*·ram …
horror movies	*grozljivk*	groz·*lyeevk*
sci-fi films	*znanstvene fantastike*	*znan*·stve·ne fan·*tas*·tee·ke

ENJOY

27

EAT & DRINK

breakfast	zajtrk m	*zai*·tuhrk
lunch	kosilo n	ko·*see*·lo
dinner	večerja f	ve·*cher*·ya
snack	malica f	*ma*·lee·tsa
eat	jesti	*ye*·stee
drink	piti	*pee*·tee

Choosing & booking

Can you recommend a …?	Mi lahko priporočite …?	mee lah·*ko* pree·po·ro·*chee*·te …
bar	bar	bar
café	kavarno	ka·*var*·no
restaurant	restavracijo	res·tav·*ra*·tsee·yo
Where would you go for (a) …?	Kam bi šli na …?	kam bee shlee na …
celebration	praznovanje	praz·no·*van*·ye
cheap meal	poceni obed	po·*tse*·nee o·*bed*
local specialities	lokalne specialitete	lo·*kal*·ne spe·tsee·a·lee·*te*·te
I'd like …, please.	Želim …	zhe·*leem* …
a table for (five)	mizo za (pet)	*mee*·zo za (pet)
the nonsmoking section	prostor za nekadilce	*pros*·tor za ne·ka·*deel*·tse
the smoking section	prostor za kadilce	*pros*·tor za ka·*deel*·tse

Eateries

Restaurants go by many names in Slovenia, but the distinctions aren't always very precise. Here are a few of the terms you may come across while travelling:

gostilna/gostišče   gos·*teel*·na/gos·*teesh*·che
a more rustic version of a *restavracija*, with traditional decor and typical Slovenian food

kavarna   ka·*var*·na
a café selling coffee and pastries

krčma   *kuhr*·chma
a bar, which may serve snacks or light meals

menza   *men*·za
usually part of a student dorm or a factory and providing cheap meals, often open to outsiders as well

okrepčevalnica   o·krep·che·*val*·nee·tsa
a casual eatery serving quick meals like grilled meat and sausages

picerija   pee·tse·*ree*·ya
a pizzeria – these are very common in Slovenia

restavracija   res·tav·*ra*·tsee·ya
a sit-down restaurant where you're served by a waiter

samopostrežna restavracija   sa·mo·pos·*trezh*·na res·tav·*ra*·tsee·ya
a self-serve restaurant, where you order from a counter and may have to eat standing up

slaščičarna   slash·chee·*char*·na
a shop selling sweets and ice cream

Ordering

What would you recommend?
Kaj priporočate?   kai pree·po·*ro*·cha·te

I'd like (the) ...	Želim ..., prosim.	zhe·*leem* ... *pro*·seem
bill	račun	ra·*choon*
drink list	meni pijač	me·*nee* pee·*yach*
menu	jedilni list	ye·*deel*·nee leest
that dish	to jed	to yed

I'd like my vegetables ...	Želim zelenjavo ...	zhe·*leem* ze·len·*ya*·vo ...
steamed	kuhano v pari	*koo*·ha·no v *pa*·ree
without ...	brez ...	brez ...
with the dressing on the side	z zabelo posebej	z za·*be*·lo po·*se*·bey

Nonalcoholic drinks

I'd like a cup of coffee/tea ...	Želim skodelico kave/čaja ...	zhe·*leem* sko·*de*·lee·tso *ka*·ve/*cha*·ya ...
with milk	z mlekom	z *mle*·kom
with sugar	s sladkorjem	s slad·*kor*·yem

(orange) juice	(pomarančni) sok m	(po·ma·*ranch*·nee) sok
soft drink	brezalkoholno pijačo f	brez·al·ko·*hol*·no pee·*ya*·cho

... water	... vodo	... *vo*·do
boiled	prekuhano	pre·*koo*·ha·no
(sparkling) mineral	mineralno (gazirano)	mee·ne·*ral*·no (ga·*zee*·ra·no)

EAT & DRINK

30

Vino

Though beer is popular in Slovenia, at home and with meals Slovenes tend to drink the locally made *vino* vee·no (wines) – many of which are excellent. Here are a few terms to help you at the *klet* klet (cellar door) and *vinoteka* vee·no·te·ka (wine shop):

Reds:

Cviček tsvee·chek
A distinctly Slovenian dry light red wine – almost a rosé – produced in the Posavje region from both red and white grapes. (Apart from the Tuscan chianti, it's the only wine made this way.)

Kraški Teran krash·kee te·ran
A ruby-red, earthy wine made from Slovenian *Refošk* re·foshk grapes grown in the terra rossa soils of the Karst region in Primorje, *Teran* is perfect with *pršut* puhr·shoot (air-dried ham).

Whites:

Beli Pinot be·lee pee·no
Straw-yellow to almost green when young, this Pinot Blanc turns gold with age.

Laški Riesling lash·kee reez·leeng
Laški Riesling is the most commonly produced wine in all the Slovenian wine regions, but can be rather insipid.

Malvazija mal·va·zee·ya
A light, dry white wine from the coast.

Renski Riesling ren·skee reez·leeng
A true German riesling, considered the king of white wines – a glass of a mature late-harvest *Renski* is arguably the best drinking in Slovenia.

Alcoholic drinks

bottle/glass of ... wine	steklenico/kozarec ... vina	stek·le·*nee*·tso/ko·*za*·rets ... *vee*·na
dessert	desertnega	de·*sert*·ne·ga
red	rdečega	uhr·*de*·che·ga
rosé	rozeja	ro·*ze*·ya
sparkling	penečega	pe·*ne*·che·ga
white	belega	*be*·le·ga
... of beer	... piva	... *pee*·va
glass	kozarec	ko·*za*·rets
jug	vrček	*vuhr*·chek
pint	vrč	vuhrch
brandy	vinjak	*veen*·yak
cocktail	koktajl	kok·*tail*
shot of (whisky)	kozarček (viskija)	ko·*zar*·chek (*vees*·kee·ya)

In the bar

I'll buy you a drink.
Povabim te na pijačo. inf
po·*va*·beem te na pee·*ya*·cho

What would you like?
Kaj boš? inf
kai bosh

I'll have ...
Jaz bom ...
yaz bom ...

Same again, please.
Isto, prosim.
ees·to *pro*·seem

It's my round.
To rundo plačam jaz.
to *roon*·do *pla*·cham yaz

Cheers!
Na zdravje!
na *zdrav*·ye

Buying food

What's the local speciality?
Kaj je lokalna specialiteta? kai ye lo·*kal*·na spe·tsee·a·lee·*te*·ta

What's that?
Kaj je to? kai ye to

How much is that?
Koliko to stane? *ko*·lee·ko to *sta*·ne

How much is (a kilo of cheese)?
Koliko stane (kila sira)? *ko*·lee·ko *sta*·ne (*kee*·la *see*·ra)

I'd like ...	Želim ...	zhe·*leem* ...
(200) grams	*(dvesto) gramov*	(*dve*·sto) *gra*·mov
(two) kilos	*(dva) kilograma*	(dva) kee·lo·*gra*·ma
(three) pieces	*(tri) kose*	(tree) *ko*·se
(six) slices	*(šest) rezin*	(shest) re·*zeen*
that one	*tisto*	*tee*·sto
two	*tista dva*	*tee*·sta dva

Less, please.	*Manj, prosim.*	man' *pro*·seem
Enough, thanks.	*Dovolj, hvala.*	do·*vol'* hva·la
More, please.	*Več, prosim.*	vech *pro*·seem

Special diets & allergies

Is there a (vegetarian) restaurant near here?
Je tu blizu (vegetarijanska) ye too *blee*·zoo (ve·ge·ta·ree·*yan*·ska)
restavracija? res·tav·*ra*·tsee·ya

I don't eat (red meat).
Ne jem (rdečega mesa). ne yem (uhr·*de*·che·ga me·*sa*)

I'm vegetarian/vegan.
Vegetarijanec/Vegan sem. ve·ge·ta·ree·*ya*·nets/*ve*·gan sem

EAT & DRINK

33

Could you prepare	*Lahko pripravite*	**lah·*ko* pree·*pra*·vee·te**
a meal without …?	*obed brez …?*	**o·*bed* brez …**
butter	*masla*	***mas*·la**
eggs	*jajc*	**yaits**
fish	*rib*	**reeb**
fish stock	*ribje osnove*	***reeb*·ye os·*no*·ve**
meat stock	*mesne osnove*	***mes*·ne os·*no*·ve**
pork	*svinjine*	**svee·*nyee*·ne**
poultry	*perutnine*	**pe·root·*nee*·ne**
I'm allergic to …	*Alergičen/*	**a·*ler*·gee·chen/**
	Alergična	**a·*ler*·geech·na**
	sem na … m/f	**sem na …**
dairy produce	*mlečne izdelke*	***mlech*·ne eez·*del*·ke**
eggs	*jajca*	***yai*·tsa**
MSG	*MSG*	**em es ge**
nuts	*oreške*	**o·*resh*·ke**
seafood	*morsko hrano*	***mor*·sko *hra*·no**
shellfish	*školjke*	***shkol'*·ke**

Menu decoder

ajdovi žganci m pl	***ai*·do·vee *zhgan*·tsee**	buckwheat groats
ananas m	***a*·na·nas**	pineapple
arašidi m pl	**a·ra·*shee*·dee**	peanuts
artičoka f	**ar·tee·*cho*·ka**	artichoke
beluš m	**be·*loosh***	asparagus
blitva f	***bleet*·va**	mangelwurzel
bograč m	***bog*·rach**	beef goulash
brancin na maslu m	**bran·*tseen* na *mas*·loo**	sea bass in butter
breskev f	***bres*·kev**	peach

EAT & DRINK

34

brinjevec m	*bree*·nye·vets	juniper-flavoured brandy
bučke f	*booch*·ke	squash or pumpkin
bujta repa f	*booy*·ta *re*·pa	stew with turnip, groats & pork
burek m	*boo*·rek	Turkish-style pastry filled with meat or cheese
ciganska jetra n pl	tsee·*gan*·ska *yet*·ra	liver Gypsy-style
cimet m	*tsee*·met	cinnamon
cmok m	tsmok	dumpling
cvetača f	tsve·*ta*·cha	cauliflower

On the menu

malice	ma·lee·tse	snacks
predjedi	pred·ye·dee	starters
juhe	yoo·he	soups
priloge	pree·lo·ge	side dishes
solate	so·la·te	salads
sladice	sla·dee·tse	desserts
aperitivi	a·pe·ree·tee·vee	apéritifs
brezalkoholne pijače	brez·al·ko·hol·ne pee·ya·che	nonalcoholic drinks
piva	pee·va	beers
žgane pijače	zhga·ne pee·ya·che	spirits
bela vina	be·la vee·na	white wines
rdeča vina	uhr·de·cha vee·na	red wines
peneča vina	pe·ne·cha vee·na	sparkling wines
desertna vina	de·sert·na vee·na	dessert wines
digestivi	dee·ge·stee·vee	digestifs

EAT & DRINK

EAT & DRINK

čaj m	chai	tea (herbal & black)
čebula f	che·*boo*·la	onion
čebulna bržola f	che·*bool*·na buhr·*zho*·la	braised beef with onions
česen m	*che*·sen	garlic
češnje f pl	*chesh*·nye	cherries
češnjevec m	*chesh*·nye·vets	cherry brandy (kirsch)
češplja f	*chesh*·plya	plum
čevapčiči m pl	che·*vap*·chee·chee	spicy beef or pork meatballs
čufte f pl	*choof*·te	meatballs in tomato sauce
datelj m	*da*·tel'	date
divjačina f	deev·*ya*·chee·na	game
dnevna juha f	*dnev*·na *yoo*·ha	soup of the day
domača salama f	do·*ma*·cha sa·*la*·ma	home-style salami
drobnjak m	drob·*nyak*	chives
drobnjakovi štruklji m pl	drob·*nya*·ko·vee *shtrook*·lyee	cottage cheese & chive dumplings
dunajski zrezek m	*doo*·nai·skee *zre*·zek	breaded veal or pork cutlet
enolončnica f	e·no·*lon*·chnee·tsa	stew
fazan m	fa·*zan*	pheasant
figa f	*fee*·ga	fig
fižol m	fee·*zhol*	beans
fižolova juha f	fee·*zho*·lo·va *yoo*·ha	bean soup
fižolova solata f	fee·*zho*·lo·va so·*la*·ta	bean salad
francoska solata f	fran·*tsos*·ka so·*la*·ta	diced potatoes & vegetables
gnjat/šunka s hrenom f	gnyat/*shoon*·ka s *hre*·nom	smoked/boiled ham with horseradish
goba f	*go*·ba	mushroom

gobova kremna	go·bo·va krem·na	creamed mushroom
juha f	yoo·ha	soup
gorčica f	gor·chee·tsa	mustard
gos f	gos	goose
govedina f	go·ve·dee·na	beef
goveja juha	go·ve·ya yoo·ha	beef broth with little
z rezanci f	z re·zan·tsee	egg noodles
grah m	grah	peas
grahova juha f	gra·ho·va yoo·ha	pea soup
grenivka f	gre·neev·ka	grapefruit
grozdje n	groz·dye	grapes
hobotnica f	ho·bot·nee·tsa	octopus
hren m	hren	horseradish
hruška f	hroosh·ka	pear
jabolčnik m	ya·bolch·neek	apple cider
jabolčni zavitek m	ya·bolch·nee za·vee·tek	apple strudel
jabolko n	ya·bol·ko	apple
jagnjetina f	yag·nye·tee·na	lamb
jagode f pl	ya·go·de	strawberries
jajca n pl	yai·tsa	eggs
jastog m	yas·tog	lobster
jerebica f	ye·re·bee·tsa	partridge
jetra n pl	yet·ra	liver
jezik m	ye·zeek	tongue
jota f	yo·ta	beans, sauerkraut & potatoes or barley cooked with pork
jurček m	yoor·chek	boletus
kajmak m	kai·mak	salted cream from boiled cow's or sheep's milk
kakav m	ka·kow	cocoa

EAT & DRINK

37

kalamari na žaru m pl	ka·la·*ma*·ree na zha·roo	grilled squid
kava f	*ka*·va	coffee
kava s smetano f	*ka*·va s sme·ta·no	coffee with whipped cream
kikiriki m	kee·kee·*ree*·kee	peanut
kisla repa f	*kees*·la re·pa	pickled turnip
kisla smetana f	*kees*·la sme·ta·na	sour cream
kisle kumarice f pl	*kees*·le koo·ma·ree·tse	pickled cucumbers
kislo mleko n	*kees*·lo mle·ko	curdled milk
kislo zelje n	*kees*·lo zel·ye	pickled cabbage
klinčki m pl	*kleench*·kee	cloves
kmečka pojedina f	*kmech*·ka po·ye·dee·na	smoked meats with sauerkraut
kompot m	*kom*·pot	stewed fruit
konjsko meso n	*kon'*·sko me·so	horse meat
korenje n	ko·*ren*·ye	carrots
koruzni kosmiči m pl	ko·*rooz*·nee kos·*mee*·chee	corn flakes
koruzni žganci m pl	ko·*rooz*·nee zhgan·tsee	corn groats
kozje meso n	*koz*·ye me·so	goat meat
kranjska klobasa z gorčico f	*kran'*·ska klo·*ba*·sa z gor·*chee*·tso	sausage with mustard
krap m	krap	carp
kraški pršut z olivami m	*krash*·kee puhr·shoot z o·*lee*·va·mee	air-dried ham with black olives
krofi m pl	*kro*·fee	jam-filled doughnuts
kruh m	krooh	bread
kruhovi cmoki m pl	*kroo*·ho·vee *tsmo*·kee	bread dumplings
krvavica f	kuhr·va·*vee*·tsa	blood sausage
kuhana govedina s hrenom f	*koo*·ha·na go·*ve*·dee·na s hre·nom	boiled beef with horseradish

kuhana/pečena postrv f	*koo*·ha·na/pe·*che*·na pos·*tuhrv*	boiled or grilled trout
kuhano vino n	*koo*·ha·no *vee*·no	mulled wine
kumarična solata f	*koo*·ma·reech·na so·*la*·ta	cucumber salad
kunec m	*koo*·nets	rabbit
kurja obara z ajdovimi žganci f	*koor*·ya o·*ba*·ra z *ai*·do·vee·mee *zhgan*·tsee	chicken stew or 'gumbo' with buckwheat groats
leča f	*le*·cha	lentils
ledvice f pl	*led*·*vee*·tse	kidneys
lešniki m pl	*lesh*·nee·kee	hazelnuts
lignji na žaru m pl	*leeg*·nyee na *zha*·roo	grilled squid
limona f	*lee*·*mo*·na	lemon
limonada f	lee·mo·*na*·da	lemonade
lisička f	lee·*seech*·ka	chanterelle mushroom
ljubljanski zrezek m	lyoob·*lyan*·skee *zre*·zek	breaded cutlet with cheese
losos m	*lo*·sos	salmon
lovor m	*lo*·vor	bay leaves
lupinarji m	loo·*pee*·nar·yee	shellfish
majoneza f	ma·yo·*ne*·za	mayonnaise
maline f pl	ma·*lee*·ne	raspberries
malinovec m	ma·*lee*·no·vets	raspberry juice
mandelj m	*man*·del'	almond
marelica f	ma·*re*·lee·tsa	apricot
marmelada f	mar·me·*la*·da	jam
maslo n	*mas*·lo	butter
med m	med	honey
medvedje meso n	med·*ved*·ye me·*so*	bear meat
meso n	me·*so*	meat
mešana solata f	me·*sha*·na so·*la*·ta	mixed salad

EAT & DRINK

EAT & DRINK

mešano meso na žaru n	me·sha·no me·so na zha·roo	mixed grill
mineralna voda f	mee·ne·ral·na vo·da	mineral water
mineštra f	mee·nesh·tra	thick soup with vegetables & pasta
mleko n	mle·ko	milk
mlinci m	mleen·tsee	flat cake
morski list v belem vinu m	mor·skee leest v be·lem vee·noo	sole in white wine
morski sadeži m	mor·skee sa·de·zhee	seafood
muškatni orešek m	moosh·kat·nee o·re·shek	nutmeg
nageljnova žbica f	na·gel'·no·va zhbee·tsa	cloves
narastek m	na·ras·tek	souffle
narezek m	na·re·zek	assorted smoked meats • cold cuts
ocvrt oslič m	ots·vuhrt os·leech	fried cod
ocvrt piščanec m	ots·vuhrt peesh·cha·nets	fried chicken
ocvrt sir s tatarsko omako m	ots·vuhrt seer s ta·tar·sko o·ma·ko	deep-fried cheese with tartare sauce
odojek m	o·do·yek	suckling pig
omaka f	o·ma·ka	gravy • sauce
omleta s sirom/šunko f	om·le·ta s see·rom/shoon·ko	omelette with cheese/ham
opečenec m	o·pe·che·nets	toast
orada na žaru f	o·ra·da na zha·roo	grilled sea bream
orehi m pl	o·re·hee	walnuts
orehova potica f	o·re·ho·va po·tee·tsa	Slovenian nut roll
ostriž m	ost·reezh	perch

ovseni kosmiči m	ov·*se*·nee kos·*mee*·chee	oatmeal
palačinke f pl	pa·la·*cheen*·ke	pancakes
paprika f	*pa*·pree·ka	sweet pepper
paprikaš m	*pap*·ree·kash	pork or veal stew seasoned with red pepper
paradižnikova juha f	pa·ra·*deezh*·nee·ko·va *yoo*·ha	tomato soup
paradižnikova solata f	pa·ra·*deezh*·nee·ko·va so·*la*·ta	tomato salad
pariški zrezek m	pa·*reesh*·kee *zre*·zek	cutlet fried in egg batter
pasulj m	pa·*sool'*	stew of beans, meat & spices
pašteta f	pash·*te*·ta	pâté
pečenica f	pe·che·*nee*·tsa	grilled sausage
pečen piščanec m	pe·*chen* peesh·*cha*·nets	roast chicken
perutnina f	pe·root·*nee*·na	poultry
peteršilj m	pe·ter·*sheel'*	parsley
pire krompir m	pee·re krom·*peer*	mashed potatoes
piščanec m	peesh·*cha*·nets	chicken
pita f	*pee*·ta	pie
pleskavica f	*ples*·ka·vee·tsa	spicy meat patty
pljučna pečenka f	*plyooch*·na pe·*chen*·ka	fillet
polnjena paprika f	*poh*·nye·na *pap*·ree·ka	pepper stuffed with rice & minced meat
polnozrnati kruh m	poh·no·*zuhr*·na·tee krooh	wholegrain bread
pomaranča f	po·ma·*ran*·cha	orange
pomarančni sok m	po·ma·*ran*·chnee sok	orange juice
por m	por	leeks

EAT & DRINK

41

porova juha f	*po·ro·va yoo·ha*	leek soup
postrv f	*pos·tuhrv*	trout
pravi čaj m	*pra·vee chai*	tea ('real', not herbal)
praženec m	*pra·zhe·nets*	pancake batter baked & crumbled
pražen krompir m	*pra·zhen krom·peer*	fried potatoes
prebranec m	*pre·bra·nets*	Serbian-style dish of baked white beans
prekajena svinjska rebrca s kislim zeljem f pl	*pre·ka·ye·na sveen'·ska re·buhr·tsa s kees·leem ze·lyem*	smoked pork ribs with sauerkraut
prekmurska gibanica f	*prek·moor·ska gee·ba·nee·tsa*	layered pastry with fruit, nut, cheese & poppy-seed filling
prepelica f	*pre·pe·lee·tsa*	quail
prežganka f	*prezh·gan·ka*	toasted rye-flour soup thickened with cream
proso n	*pro·so*	millet
puran m	*poo·ran*	turkey
puranov zrezek s šampinjoni m	*poo·ra·nov zre·zek s sham·pee·nyo·nee*	turkey steak with white mushrooms
ragu m	*ra·goo*	stew
ražnjiči m pl	*razh·nyee·chee*	shish kebab
rdeča pesa f	*uhr·de·cha pe·sa*	pickled beetroot (beets)
redkev f	*red·ke·oo*	radish
repa f	*re·pa*	turnip
rezanci m pl	*re·zan·tsee*	noodles
riba v marinadi f	*ree·ba v ma·ree·na·dee*	marinated fish
riba f	*ree·ba*	fish
ribja plošča f	*reeb·ya plosh·cha*	seafood plate
ričet m	*ree·chet*	barley stew with smoked pork ribs

EAT & DRINK

42

riž m	reezh	rice
rižota z gobami f	ree·*zho*·ta z *go*·ba·mee	risotto with mushrooms
rogljiček m	rog·*lyee*·chek	croissant
rozine f pl	ro·*zee*·ne	raisins
rožmarin m	rozh·ma·*reen*	rosemary
ržen kruh m	uhr·*zhen* krooh	rye bread
sadje n	sad·*ye*	fruit
sadjevec m	*sad*·ye·vets	fruit brandy
sadna kupa f	*sad*·na *koo*·pa	fruit salad with whipped cream
sardele f pl	sar·*de*·le	sardines
sarma f	*sar*·ma	rolled leaf of sour cabbage stuffed with rice & minced meat
sataraš m	*sa*·ta·rash	stewed tomatoes, peppers & onion
segedin m	*se*·ge·deen	goulash of pork meat & pickled cabbage
sezonska solata f	se·*zon*·ska so·*la*·ta	seasonal salad
sir m	seer	cheese
sirova plošča f	*see*·ro·va *plosh*·cha	cheese plate
skuta f	*skoo*·ta	cottage cheese
sladka smetana f	*slad*·ka *sme*·ta·na	sweet cream
sladoled m	sla·do·*led*	ice cream
slanik m	sla·*neek*	herring
slanina f	sla·*nee*·na	bacon
sok m	sok	juice
srbska solata f	*suhrb*·ska so·*la*·ta	tomato, pepper, onion & cheese salad
stročji fižol m	*stroch*·yee fee·*zhol*	string beans
suhe slive f pl	*soo*·he *slee*·ve	prunes
svetlo pivo n	*svet*·lo *pee*·vo	lager

EAT & DRINK

43

svinjina f	svee·*nyee*·na	pork
svinjska pečenka f	*sveen'*·ska pe·*chen*·ka	roast pork
ščuka f	*shchoo*·ka	pike
škampi na žaru m pl	*shkam*·pee na *zha*·roo	grilled prawns
školjke f pl	*shkol'*·ke	clams
špargelj m	*shpar*·gel'	asparagus
špinača f	shpee·*na*·cha	spinach
teletina f	te·*le*·tee·na	veal
temno pivo n	*tem*·no *pee*·vo	dark beer • stout
testenine f pl	tes·te·*nee*·ne	pasta
timijan m	*tee*·mee·yan	thyme
tonik (z ledom) m	*to*·neek (z *le*·dom)	tonic water (with ice)
torta f	*tor*·ta	cake
tržaška omaka f	tuhr·*zhash*·ka o·*ma*·ka	garlic & parsley sauce
turška kava f	*toor*·shka *ka*·va	Turkish coffee
umešana jajca n pl	oo·*me*·sha·na *yai*·tsa	scrambled eggs
vampi m	*vam*·pee	tripe
višnje f pl	*veesh*·nye	sour cherries (morellos)
vroča čokolada f	*vro*·cha cho·ko·*la*·da	hot chocolate
vroča hrenovka f	*vro*·cha *hre*·nov·ka	hot dog
zarebrnica f	za·*re*·buhr·nee·tsa	chop
zelena f	*ze*·le·na	celery
zelena solata f	ze·*le*·na so·*la*·ta	lettuce salad
zelenjava f	ze·len·*ya*·va	vegetables
zelenjavna juha f	ze·len·*yav*·na *yoo*·ha	vegetable soup
zeliščni čaj m	ze·*leesh*·chnee chai	herbal tea
zelje n	*zel*·ye	cabbage
zeljnata solata f	*zel'*·na·ta so·*la*·ta	cabbage salad
želodec m	zhe·*lo*·dets	stomach salami
žemlja f	*zhem*·lya	bun
žlikrofi m pl	*zhleek*·ro·fee	'ravioli' of cheese, bacon & chives

SERVICES
Post office

I want to send a …	Želim poslati …	zhe-*leem* po-*sla*-tee …
fax	faks	faks
parcel	paket	pa-*ket*
postcard	razglednico	raz-*gled*-nee-tso

I want to buy …	Želim kupiti …	zhe-*leem* koo-*pee*-tee …
an envelope	kuverto	koo-*ver*-to
some stamps	nekaj znamk	*ne*-kai znamk

Please send it (to Australia) by …	Prosim, pošljite (v Avstralijo) z …	*pro*-seem posh-*lyee*-te (v av-*stra*-lee-yo) z …
airmail	letalsko pošto	le-*tal*-sko *posh*-to
surface mail	navadno pošto	na-*vad*-no *posh*-to

Bank

I'd like to …	Želim …	zhe-*leem* …
cash a cheque	unovčiti ček	oo-*nov*-chee-tee chek
change a travellers cheque	zamenjati potovalni ček	za-*men*-ya-tee po-to-*val*-nee chek
change money	zamenjati denar	za-*men*-ya-tee de-*nar*
get a cash advance	dobiti gotovino	do-*bee*-tee go-to-*vee*-no
withdraw money	dvigniti denar	*dveeg*-nee-tee de-*nar*

Where's a/an …?	Kje je …?	kye ye …
ATM	bankomat	ban-ko-*mat*
foreign exchange office	menjalnica	men-*yal*-nee-tsa

SERVICES

45

What's the …?	Kakšen/Kakšna je …? m/f	kak·shen/kak·shna ye …
commission	provizija f	pro·vee·zee·ya
exchange rate	menjalni tečaj m	men·yal·nee te·chai

What's the charge for that?
Koliko to stane? — ko·lee·ko to sta·ne

What time does the bank open?
Kdaj se banka odpre? — kdai se ban·ka od·pre

Can I arrange a transfer of money?
Lahko uredim prenos denarja? — lah·ko oo·re·deem pre·nos de·nar·ya

Phone

I want to make a …	Želim …	zhe·leem …
call (to Singapore)	poklicati v (Singapur)	pok·lee·tsa·tee v (seen·ga·poor)
collect call	klic na stroške klicanega	kleets na strosh·ke klee·tsa·ne·ga
How much does … cost?	Koliko stane …?	ko·lee·ko sta·ne …
a (three)-minute call	(tri)minutni klic	(tree)·mee·noot·nee kleets
each extra minute	vsaka dodatna minuta	vsa·ka do·dat·na mee·noo·ta

What's your phone number?
Lahko izvem vašo telefonsko številko? — lah·ko eez·vem va·sho te·le·fon·sko shte·veel·ko

The number is …
Številka je … — shte·veel·ka ye …

Where's the nearest public phone?
   Kje je najbližja   kye ye nai·*bleezh*·ya
   govorilnica?   go·vo·*reel*·nee·tsa

I want to buy a phonecard.
   Želim kupiti   zhe·*leem* koo·*pee*·tee
   telefonsko kartico.   te·le·*fon*·sko *kar*·tee·tso

Can I speak to ...?
   Želim govoriti z/s ...   zhe·*leem* go·vo·*ree*·tee z/s ...

I've been cut off.
   Izgubil/Izgubila   eez·*goo*·bee·oo/eez·goo·*bee*·la
   sem zvezo. m/f   sem *zve*·zo

Mobile/cell phone

I'd like a/an ...	*Želim ...*	zhe·*leem* ...
adaptor plug	*adapter*	a·*dap*·ter
charger for	*polnilec za*	pol·*nee*·lets za
my phone	*moj telefon*	moy te·le·*fon*
mobile/cell	*mobilni*	mo·*beel*·nee
phone	*telefon*	te·le·*fon*
for hire	*za najem*	za na·*yem*
prepaid phone	*predplačilno*	pred·pla·*cheel*·no
card	*telefonsko*	te·le·*fon*·sko
	kartico	*kar*·tee·tso
SIM card for	*SIM kartico za*	seem *kar*·tee·tso za
your network	*vaše omrežje*	*va*·she om·*rezh*·ye

What are the rates?
   Kakšne so cene?   *kak*·shne so *tse*·ne

(30c) per (30) seconds.
   (Trideset centov) za   (*tree*·de·set *tsen*·tov) za
   (trideset) sekund.   (*tree*·de·set) se·*koond*

SERVICES

47

Internet

Where's the nearest internet café?
Kje je najbližja   kye ye nai·*bleezh*·ya
internetna kavarna?   een·ter·*net*·na ka·*var*·na

I'd like to ...	Želim ...	zhe·*leem* ...
check my email	preveriti	pre·*ve*·ree·tee
	elektronsko pošto	e·lek·*tron*·sko *posh*·to
get internet	dostop do	dos·*top* do
access	Interneta	een·ter·*ne*·ta
use a printer	uporabiti	oo·po·*ra*·bee·tee
	tiskalnik	tees·*kal*·neek
use a scanner	uporabiti	oo·po·*ra*·bee·tee
	optični	*op*·teech·nee
	čitalnik	chee·*tal*·neek

I'd like to ...	Želim ...	zhe·*leem* ...
burn a CD	zapeči CD	za·*pe*·chee tse de
download	naložiti	na·lo·*zhee*·tee
my photos	svoje fotografije	*svo*·ye fo·to·gra·*fee*·ye

Can I connect	Lahko priključim	lah·*ko* preek·*lyoo*·cheem
my ... to this	moj ... na ta	moy ... na ta
computer?	računalnik?	ra·choo·*nal*·neek
camera	fotoaparat	fo·to·a·pa·*rat*
portable	prenosni	pre·*nos*·nee
hard drive	trdi disk	*tuhr*·dee deesk
USB flash drive	USB ključ	oo es bee klyooch

How much per ...?	Koliko stane ...?	ko·lee·ko *sta*·ne ...
(five) minutes	(pet) minut	(pet) mee·*noot*
hour	ura	*oo*·ra
page	stran	stran

GO
Directions

Where's (the castle)?
Kje je (grad)?   kye ye (grad)

Which way is …?
V kateri smeri je …?   v ka·*te*·ree *sme*·ree ye …

I'm looking for (a museum).
Iščem (muzej).   *eesh*·chem (*moo*·zey)

What's the address?
Na katerem naslovu je?   na ka·*te*·rem nas·*lo*·voo ye

Can you show me (on the map)?
Mi lahko pokažete (na zemljevidu)?   mee lah·*ko* po·*ka*·zhe·te (na zem·lye·*vee*·doo)

How far is it?
Kako daleč je?   ka·*ko* da·lech ye

It's …	Je …	ye …
behind …	za …	za …
beside …	ob …	ob …
far away	daleč	*da*·lech
here	tukaj	*too*·kai
in front of …	pred …	pred …
left	levo	*le*·vo
near	blizu	*blee*·zoo
next to …	poleg …	*po*·leg …
on the corner	na vogalu	na vo·*ga*·loo
opposite …	nasproti …	nas·*pro*·tee …
right	desno	*des*·no
straight ahead	naravnost naprej	na·*rav*·nost na·*prey*
there	tam	tam

Turn ...	Zavijte ...	za·*veey*·te ...
at the corner	na vogalu	na vo·*ga*·loo
at the traffic lights	pri semaforju	pree se·ma·*for*·yoo
left/right	levo/desno	*le*·vo/*des*·no

It's ...	Je ...	ye ...
(three) kilometres	(tri) kilometre	(tree) kee·lo·*met*·re
(500) metres	(petsto) metrov	(*pet*·sto) *met*·rov

north	sever	*se*·ver
south	jug	yoog
east	vzhod	vzhod
west	zahod	za·*hod*

Getting around

What time does the ... leave?	Kdaj odpelje ...?	kdai od·*pel*·ye ...
boat	čoln	chohn
bus	avtobus	*av*·to·boos
plane	letalo	le·*ta*·lo
train	vlak	vlak
tram	tramvaj	*tram*·vai

What time's the ... (bus)?	Kdaj je ... (avtobus)?	kdai ye ... (*av*·to·boos)
first	prvi	*puhr*·vee
next	naslednji	nas·*led*·nyee
last	zadnji	*zad*·nyee

I want to get off ...	Želim izstopiti ...	zhe·*leem* eez·sto·*pee*·tee ...
here	tukaj	*too*·kai
in (Ljubljana)	v (Ljubljani)	v (lyoob·*lya*·nee)

50

Is this seat free?
Je ta sedež prost?   ye ta *se*·dezh prost

That's my seat.
To je moj sedež.   to ye moy *se*·dezh

How many stops to (Postojna)?
Koliko postaj je do   *ko*·lee·ko pos·*tai* ye do
(Postojne)?   (pos·*toy*·ne)

Can you tell me when we get to (Kranj)?
Prosim povejte mi,   *pro*·seem po·*vey*·te mee
ko prispemo v (Kranj)?   ko prees·*pe*·mo v (kran')

Tickets & luggage

Where can I buy a ticket?
Kje lahko kupim vozovnico?   kye lah·*ko* koo·peem vo·*zov*·nee·tso

Do I need to book?
Ali potrebujem   *a*·lee pot·re·*boo*·yem
rezervacijo?   re·zer·*va*·tsee·yo

How much is it?
Koliko stane?   *ko*·lee·ko *sta*·ne

How long does the trip take?
Kako dolgo traja potovanje?   ka·*ko* doh·go *tra*·ya po·to·*van*·ye

Is it a direct route?
Je to direktna proga?   ye to dee·*rekt*·na *pro*·ga

Can I get a stand-by ticket?
Lahko dobim stand-by   lah·*ko* do·*beem* stend·*bai*
vozovnico?   vo·*zov*·nee·tso

What time do I have to check in?
Kdaj se moram   kdai se *mo*·ram
prijaviti za let?   pree·*ya*·vee·tee za let

GO

Does it have (a) …?	*Ali ima …?*	a·lee ee·*ma* …
air conditioning	*klimo*	*klee*·mo
blanket	*odejo*	o·*de*·yo
toilet	*stranišče*	stra·*neesh*·che
One … ticket to (Koper), please.	*Vozovnico za … do (Kopra), prosim.*	vo·*zov*·nee·tso za … do (*ko*·pra) *pro*·seem
1st-class	*prvi razred*	*puhr*·vee *raz*·red
2nd-class	*drugi razred*	*droo*·gee *raz*·red
One … ticket to (Idrija), please.	*… vozovnico, do (Idrije), prosim.*	… vo·*zov*·nee·tso do (*ee*·dree·ye) *pro*·seem
one-way	*Enosmerno*	e·no·*smer*·no
return	*Povratno*	pov·*rat*·no
I'd like to … my ticket.	*Želim … vozovnico.*	zhe·*leem* … vo·*zov*·nee·tso
cancel	*preklicati*	prek·*lee*·tsa·tee
change	*zamenjati*	za·*men*·ya·tee
confirm	*potrditi*	po·tuhr·*dee*·tee
My luggage has been …	*Moja prtljaga je …*	*mo*·ya puhrt·*lya*·ga ye …
damaged	*poškodovana*	posh·ko·do·*va*·na
lost	*izgubljena*	eez·goob·*lye*·na
stolen	*ukradena*	oo·*kra*·de·na

I'd like a luggage locker.
Želim garderobno omarico.   zhe·*leem* gar·de·*rob*·no o·*ma*·ree·tso

I'd like an aisle/window seat.
Želim sedež ob prehodu/oknu.   zhe·*leem* se·dezh ob pre·*ho*·doo/*ok*·noo

I'd like a (non)smoking seat.
Želim (ne)kadilski sedež.   zhe·*leem* (ne·)ka·*deel*·skee se·dezh

Bus, train & taxi

Which bus goes to …?
Kateri avtobus pelje v …? ka·*te*·ree *av*·to·boos *pel*·ye v …

Is this the bus to …?
Je to avtobus za …? ye to *av*·to·boos za …

What station is this?
Katera postaja je to? ka·*te*·ra pos·*ta*·ya ye to

What's the next station?
Katera je naslednja postaja? ka·*te*·ra ye nas·*led*·nya pos·*ta*·ya

Does this train stop in (Kranj)?
Ali vlak ustavi v (Kranju)? *a*·lee vlak oos·*ta*·vee v (*kran*·yoo)

Do I need to change trains?
Ali moram prestopati? *a*·lee *mo*·ram pres·*to*·pa·tee

How many stops to (the museum)?
Koliko postaj je do (muzeja)? *ko*·lee·ko pos·*tai* ye do (moo·*ze*·ya)

Which carriage is …?	*Kateri vagon je …?*	ka·*te*·ree va·*gon* ye …
1st class	*prvi razred*	*puhr*·vee *raz*·red
for dining	*restavracija*	res·tav·*ra*·tsee·ya
for (Maribor)	*za (Maribor)*	za (*ma*·ree·bor)

I'd like a taxi …	*Želim taksi …*	zhe·*leem tak*·see …
at (9am)	*ob (devetih dopoldne)*	ob (de·*ve*·teeh) do·*poh*·dne)
now	*zdaj*	zdai
tomorrow	*jutri*	*yoot*·ree

Is this taxi free?
Je ta taksi prost? ye ta *tak*·see prost

Please take me to (this address).
Prosim, peljite me na (ta naslov). *pro*·seem pel·*yee*·te me na (ta nas·*loh*)

GO

53

How much is it to ...?
Koliko stane do ...? *ko·lee·ko sta·ne do ...*

Please put the meter on.
Prosim, vključite *pro·seem vklyoo·chee·te*
taksimeter. *tak·see·me·ter*

Please ... *Prosim ...* *pro·seem ...*
  slow down *vozite* *vo·zee·te*
        počasneje *po·chas·ne·ye*
  wait here *počakajte tukaj* *po·cha·kai·te too·kai*

Stop ... *Ustavite ...* *oos·ta·vee·te ...*
  at the corner *na vogalu* *na vo·ga·loo*
  here *tukaj* *too·kai*

Car & motorbike hire

I'd like to hire *Želim najeti ...* *zhe·leem na·ye·tee ...*
a/an ...
  4WD *terenski avto* *te·ren·skee av·to*
  car *avto* *av·to*
  motorbike *motor* *mo·tor*

How much for *Koliko stane* *ko·lee·ko sta·ne*
... hire? *najem na ...?* *na·yem na ...*
  hourly *uro* *oo·ro*
  daily *dan* *dan*
  weekly *teden* *te·den*

What's the ... *Kakšna je* *kak·shna ye*
speed limit? *omejitev* *o·me·yee·tev*
    hitrosti ...? *heet·ros·tee ...*
  city *v naselju* *v na·sel·yoo*
  country *izven naselja* *eez·ven na·sel·ya*

Is this the road to ...?
Ali pelje ta cesta v ...? — a·lee *pel*·ye ta *tses*·ta v ...

(How long) Can I park here?
(Kako dolgo) Lahko parkiram tu? — (ka·*ko doh*·go) lah·*ko* par·*kee*·ram too

Where's a petrol station?
Kje je bencinska črpalka? — kye ye ben·*tseen*·ska chuhr·*pal*·ka

leaded	*osvinčen bencin*	os·*veen*·chen ben·*tseen*
LPG	*utekočinjen naftni plin*	oo·te·ko·*cheen*·yen *naft*·nee pleen
unleaded	*neosvinčen bencin*	ne·os·*veen*·chen ben·*tseen*

Road signs

Avtocestni dovoz	av·to·*tsest*·nee do·*voz*	Freeway Entrance
Cestnina	tsest·*nee*·na	Toll
Delo na cesti	*de*·lo na *tses*·tee	Roadworks
Enosmerna cesta	e·no·*smer*·na *tses*·ta	One Way
Nevarnost	ne·*var*·nost	Danger
Nimaš prednosti	*nee*·mash *pred*·nos·tee	Give Way
Ni vhoda	nee *vho*·da	No Entry
Obvoz	ob·*voz*	Detour
Parkirišče	par·kee·*reesh*·che	Parking
Počasi	po·*cha*·see	Slow Down
Prepovedano parkiranje	pre·po·*ve*·da·no par·*kee*·ran·ye	No Parking
Stop	stop	Stop

SLEEP
Finding accommodation

Where's a ...?	Kje je ...?	kye ye ...
bed and breakfast	penzion	pen·zee·on
camping ground	kamp	kamp
guesthouse	gostišče	gos·teesh·che
hotel	hotel	ho·tel
youth hostel	mladinski hotel	mla·deen·skee ho·tel

Can you recommend a ... hotel?	Mi lahko priporočite ... hotel?	mee lah·ko pree·po·ro·chee·te ... ho·tel
cheap	poceni	po·tse·nee
luxurious	razkošen	raz·ko·shen
nice	prijeten	pree·ye·ten
romantic	romantičen	ro·man·tee·chen

Can you recommend a nearby hotel?
Mi lahko priporočite hotel v bližini?
mee lah·ko pree·po·ro·chee·te ho·tel v blee·zhee·nee

What's the address?
Na katerem naslovu je?
na ka·te·rem nas·lo·voo ye

Booking ahead & checking in

I'd like to book a room, please.
Želim rezervirati sobo.
zhe·leem re·zer·vee·ra·tee so·bo

I have a reservation.
Imam rezervacijo.
ee·mam re·zer·va·tsee·yo

My name's ...
Ime mi je ...
ee·me mee ye ...

Do you have a ... room?	*Ali imate ... sobo?*	*a*·lee ee·*ma*·te ... *so*·bo
single	*enoposteljno*	e·no·*pos*·tel'·no
double	*dvoposteljno*	dvo·*pos*·tel'·no
twin	*z ločenima posteljama*	z *lo*·che·nee·ma *pos*·tel·ya·ma
How much is it per ...?	*Koliko stane na ...?*	*ko*·lee·ko *sta*·ne na ...
night	*noč*	noch
person	*osebo*	o·*se*·bo
week	*teden*	*te*·den
Do you accept ...?	*Ali sprejemate ...?*	*a*·lee spre·*ye*·ma·te ...
credit cards	*kreditne kartice*	kre·*deet*·ne *kar*·tee·tse
debit cards	*debetne kartice*	de·*bet*·ne *kar*·tee·tse
travellers cheques	*potovalne čeke*	po·to·*val*·ne *che*·ke

For (three) nights.
Za (tri) noči.
za (tree) no·*chee*

From (July 2) to (July 6).
Od (drugega julija)
od (*droo*·ge·ga *yoo*·lee·ya)
do (šestega julija).
do (*shes*·te·ga *yoo*·lee·ya)

Can I see it?
Lahko vidim sobo?
lah·*ko* vee·deem *so*·bo

It's fine. I'll take it.
V redu je. Vzel/Vzela bom. m/f
v *re*·doo ye vze·oo/vze·la bom

Do I need to pay upfront?
Moram plačati vnaprej?
mo·ram *pla*·cha·tee vna·*prey*

For methods of payment, see also **PAYING**, page 22 and **BANK**, page 45.

SLEEP

Requests & queries

When/Where is breakfast served?
Kdaj/Kje strežete zajtrk?   kdai/kye *stre*·zhe·te *zai*·tuhrk

Please wake me at (seven).
Prosim, zbudite   *pro*·seem zboo·*dee*·te
me ob (sedmih).   me ob (*sed*·meeh)

Do you ... here?	*Ali ...?*	*a*·lee ...
arrange tours	*organizirate*	or·ga·nee·*zee*·ra·te
	izlete	eez·*le*·te
change money	*menjate denar*	*men*·ya·te de·*nar*

Could I have ...,   *Lahko prosim*   *lah*·ko *pro*·seem
please?   *dobim ...?*   do·*beem* ...
  a blanket   *odejo*   o·*de*·yo
  my key   *ključ*   klyooch

Can I use the ...?   *Lahko*   *lah*·ko
   uporabljam ...?   oo·po·*rab*·lyam ...
  kitchen   *kuhinjo*   *koo*·heen·yo
  laundry   *pralnico*   *pral*·nee·tso
  telephone   *telefon*   te·le·*fon*

Is there a/an ...?   *Imate ...?*   ee·*ma*·te ...
  elevator   *dvigalo*   dvee·*ga*·lo
  laundry service   *pralnico*   *pral*·nee·tso
  safe   *sef*   sef

The room is too ...   *Soba je preveč ...*   *so*·ba ye pre·*vech* ...
  cold   *hladna*   *hlad*·na
  dark   *temna*   *tem*·na
  expensive   *draga*   *dra*·ga
  light   *svetla*   *svet*·la
  noisy   *hrupna*   *hroop*·na
  small   *majhna*   *maih*·na

SLEEP

The ... doesn't work.	... je pokvarjena/ pokvarjeno. f/n	... ye pok·*var*·ye·na/ pok·*var*·ye·no
air conditioning	Klima f	*klee*·ma
toilet	Stranišče n	stra·*neesh*·che
window	Okno n	*ok*·no
Can I get another ...?	Lahko dobim drugo ...?	lah·*ko* do·*beem droo*·go ...
blanket	odejo	o·*de*·yo
pillow	blazino	bla·*zee*·no
pillowcase	prevleko za blazino	prev·*le*·ko za bla·*zee*·no
sheet	rjuho	*ryoo*·ho
towel	brisačo	bree·*sa*·cho

Checking out

What time is checkout?
Kdaj se moram odjaviti?   kdai se *mo*·ram od·*ya*·vee·tee

Can I leave my bags here?
Lahko pustim prtljago tu?   lah·*ko* poos·*teem* puhrt·*lya*·go too

I'll be back ...	Vrnem se ...	*vuhr*·nem se ...
in (three) days	v (treh) dneh	v (treh) dneh
on (Tuesday)	v (torek)	v (*to*·rek)

Could I have my ..., please?	Lahko prosim dobim ...?	lah·*ko* pro·*seem* do·*beem* ...
deposit	moj polog	moy *po*·log
passport	moj potni list	moy *pot*·nee leest
valuables	moje dragocenosti	*mo*·ye dra·go·*tse*·nos·tee

SLEEP

59

WORK
Introductions

I'm attending a ...	Prišel/Prišla sem na ... m/f	pree-*she*-oo/pree-*shla* sem na ...
conference	konferenco	kon-fe-*ren*-tso
course	tečaj	te-*chai*
meeting	sestanek	ses-*ta*-nek
trade fair	sejem	*se*-yem
I'm with ...	Sem s ...	sem ...
my colleagues	s sodelavci	s so-*de*-lav-tsee
(three) others	z (tremi) drugimi	z (*tre*-mee) *droo*-gee-mee

I'm alone.
Sam sem. sam sem

Here's my business card.
Tu je moja vizitka. too ye *mo*-ya vee-*zeet*-ka

Let me introduce my colleague.
Naj vam predstavim sodelavca/sodelavko. m/f nai vam pred-*sta*-veem so-*de*-lav-tsa/so-*de*-lav-ko

I'm staying at ..., room ...
Stanujem v ..., soba ... sta-*noo*-yem v ... *so*-ba ...

Business needs

Where's the ...?	Kje je ...?	kye ye ...
business centre	poslovni center	pos-*lov*-nee *tsen*-ter
conference	konferenca	kon-fe-*ren*-tsa
meeting	sestanek	ses-*ta*-nek

I have an appointment with ...	Dogovorjen sem z ...	do·go·vor·*yen* sem z ...
I'm expecting a ...	Pričakujem ...	pree·cha·*koo*·yem ...
call	klic	kleets
fax	faks	faks
I need a/an ...	Potrebujem ...	pot·re·*boo*·yem ...
data projector	projektor	pro·*yek*·tor
internet connection	povezavo z internetom	po·ve·*za*·vo z *een*·ter·ne·tom
interpreter	tolmača	tol·*ma*·cha
whiteboard	tablo	*tab*·lo
I need to ...	Želim ...	zhe·*leem* ...
make photocopies	fotokopirati	fo·to·ko·*pee*·ra·tee
send a fax	poslati faks	pos·*la*·tee faks
send an email	poslati elektronsko pošto	pos·*la*·tee e·lek·*tron*·sko *posh*·to

For additional terms, see **SERVICES**, page 45.

After the deal

That went very well.	Dobro je šlo.	*dob*·ro ye shlo
Shall we go for ...?	Gremo na ...?	*gre*·mo na ...
dinner	večerjo	ve·*cher*·yo
a drink	pijačo	pee·*ya*·cho
lunch	kosilo	ko·*see*·lo
It's on me.	Jaz vabim.	yaz *va*·beem

HELP
Emergencies

Help!	Na pomoč!	na po·*moch*
Stop!	Ustavite!	oos·*ta*·vee·te
Go away!	Pojdite stran!	poy·*dee*·te stran
Thief!	Tat!	tat
Fire!	Požar!	po·*zhar*
Watch out!	Pazite!	pa·*zee*·te
It's an emergency!	Nujno je!	*nooy*·no ye
Call ...!	Pokličite ...!	pok·*lee*·chee·te ...
an ambulance	rešilca	re·*sheel*·tsa
a doctor	zdravnika	zdrav·*nee*·ka
the police	policijo	po·lee·*tsee*·yo

Could you help me, please?
Pomagajte mi, prosim. — po·*ma*·gai·te mee *pro*·seem

I have to use the telephone.
Poklicati moram. — pok·*lee*·tsa·tee *mo*·ram

Where are the toilets?
Kje je stranišče? — kye ye stra·*neesh*·che

I'm lost.
Izgubil/Izgubila sem se. m/f — eez·*goo*·beew/eez·goo·*bee*·la sem se

Police

Where's the police station?
Kje je policijska postaja? — kye ye po·lee·*tseey*·ska pos·*ta*·ya

I want to report an offence.
Želim prijaviti prestopek. — zhe·*leem* pree·*ya*·vee·tee pres·*to*·pek

I've been ...	... so me.	... so me
assaulted	Napadli	na·*pad*·lee
raped	Posilili	po·*see*·lee·lee
robbed	Oropali	o·*ro*·pa·lee

My ... was/were stolen.	Ukradli so mi ...	ook·*rad*·lee so mee ...
I've lost my ...	Izgubil/ Izgubila sem ... m/f	eez·*goo*·beew/ eez·goo·*bee*·la sem ...
backpack	nahrbtnik	na·*huhrbt*·neek
bags	torbe	*tor*·be
credit card	kreditno kartico	kre·*deet*·no *kar*·tee·tso
handbag	ročno torbico	*roch*·no *tor*·bee·tso
jewellery	nakit	na·*keet*
money	denar	de·*nar*
passport	potni list	*pot*·nee leest
travellers cheques	potovalne čeke	po·to·*val*·ne *che*·ke
wallet	denarnico	de·*nar*·nee·tso

I want to contact my ...	Želim poklicati svojo ...	zhe·*leem* pok·*lee*·tsa·tee *svo*·yo ...
consulate	konzulat	kon·zoo·*lat*
embassy	ambasado	am·ba·*sa*·do

I have insurance.
  Zavarovan/Zavarovana sem. m/f   za·va·ro·*van*/za·va·ro·*va*·na sem

I have a prescription for this drug.
  Za to zdravilo imam recept.   za to zdra·*vee*·lo ee·*mam* re·*tsept*

HELP

Health

Where's the nearest ...?	Kje je najbližji/ najbližja ...? m/f	kye ye nai·*bleezh*·yee/ nai·*bleezh*·ya ...
dentist	zobozdravnik m	zo·bo·zdrav·*neek*
doctor	zdravnik m	zdrav·*neek*
hospital	bolnišnica f	bol·*neesh*·nee·tsa
optometrist	okulist m	o·koo·*leest*
pharmacy	lekarna f	le·*kar*·na

I need a doctor (who speaks English).
Potrebujem zdravnika (ki govori angleško).
pot·re·*boo*·yem zdrav·*nee*·ka (kee go·vo·*ree* ang·*lesh*·ko)

Could I see a female doctor?
Bi me lahko pregledala zdravnica?
bee me lah·*ko* preg·*le*·da·la zdrav·*nee*·tsa

Can the doctor come here?
Lahko zdravnik pride sem?
lah·*ko* zdrav·*neek* pree·de sem

I've run out of my medication.
Zmanjkalo mi je zdravil.
zman'·ka·lo mee ye zdra·*veel*

My prescription is ...
Moj recept je ...
moy re·*tsept* ye ...

I've been vaccinated for ...	Cepljen/Cepljena sem proti ... m/f	tsep·lyen/tsep·lye·na sem *pro*·tee ...
hepatitis A/B/C	hepatitisu A/B/C	he·pa·*tee*·tee·soo a/be/tse
tetanus	tetanusu	te·ta·noo·soo
typhoid	tifusu	tee·foo·soo

I need new ...	Potrebujem ...	pot·re·*boo*·yem ...
contact lenses	nove kontaktne leče	*no*·ve kon·*takt*·ne *le*·che
glasses	nova očala	*no*·va o·*cha*·la

HELP

Symptoms, conditions & allergies

I'm sick.
 Bolan/Bolna sem. m/f — bo·*lan*/*boh*·na sem

It hurts here.
 Tu me boli. — too me bo·*lee*

I've been injured.
 Ranil/Ranila sem se. m/f — *ra*·neew/ra·*nee*·la sem se

I've been vomiting.
 Bruhal/Bruhala sem. m/f — *broo*·how/*broo*·ha·la sem

I can't sleep.
 Ne morem spati. — ne *mo*·rem *spa*·tee

I feel dizzy.
 Vrti se mi. — vuhr·*tee* se mee

I feel nauseous.
 Slabo mi je. — sla·*bo* mee ye

I feel better/worse.
 Počutim se bolje/slabše. — po·*choo*·teem se *bol*·ye/*slab*·she

I have (a/an) …	Imam …	ee·*mam* …
asthma	astma	*ast*·ma
cold	prehlad	preh·*lad*
cough	kašelj	ka·*shel*'
diabetes	sladkorna bolezen	slad·*kor*·na bo·*le*·zen
diarrhoea	driska	*drees*·ka
fever	vročina	vro·*chee*·na
headache	glavobol	gla·vo·*bol*
heart condition	srčno bolezen	*suhr*·chno bo·*le*·zen
infection	okužba	o·*koozh*·ba
sprain	zvin	zveen
toothache	zobobol	zo·bo·*bol*

HELP

65

I've noticed a lump here.
Tu sem opazila zatrdlino.   too sem o·pa·*zee*·la za·*tuhr*·dlee·no

I think I'm pregnant.
Mislim, da sem noseča.   *mees*·leem da sem no·*se*·cha

I'm on regular medication for ...
Redno jemljem zdravila za ...   *red*·no *yem*·lyem zdra·*vee*·la za ...

I need something for ...
Potrebujem nekaj za ...   pot·re·*boo*·yem *ne*·kai za ...

Do I need a prescription for ...?
Ali za ... potrebujem recept?   *a*·lee za ... pot·re·*boo*·yem re·*tsept*

How many times a day?
Koliko na dan?   *ko*·lee·ko na dan

Will it make me drowsy?
Ali povzroča slabost?   *a*·lee pov·*zro*·cha sla·*bost*

I have a skin allergy.
Imam kožno alergijo.   ee·*mam kozh*·no a·ler·*gee*·yo

I'm allergic to ...   *Alergičen/ Alergična sem na ...* m/f   a·*ler*·gee·chen/ a·*ler*·geech·na sem na ...

antibiotics	antibiotike	an·tee·bee·*o*·tee·ke
anti-inflammatories	protivnetna zdravila	pro·teev·*net*·na zdra·*vee*·la
aspirin	aspirin	as·pee·*reen*
bees	čebelji pik	che·*bel*·yee peek
codeine	kodein	ko·de·*een*
penicillin	penicilin	pe·nee·tsee·*leen*
pollen	cvetni prah	*tsvet*·nee prah

For food-related allergies, see **EAT & DRINK**, page 28.

Numbers

0	nič	neech
1	ena	e·na
2	dve	dve
3	tri	tree
4	štiri	shtee·ree
5	pet	pet
6	šest	shest
7	sedem	se·dem
8	osem	o·sem
9	devet	de·vet
10	deset	de·set
11	enajst	e·naist
12	dvanajst	dva·naist
13	trinajst	tree·naist
14	štirinajst	shtee·ree·naist
15	petnajst	pet·naist
16	šestnajst	shest·naist
17	sedemnajst	se·dem·naist
18	osemnajst	o·sem·naist
19	devetnajst	de·vet·naist
20	dvajset	dvai·set
21	enaindvajset	e·na·een·dvai·set
22	dvaindvajset	dva·een·dvai·set
30	trideset	tree·de·set
40	štirideset	shtee·ree·de·set
50	petdeset	pet·de·set
60	šestdeset	shest·de·set
70	sedemdeset	se·dem·de·set
80	osemdeset	o·sem·de·set
90	devetdeset	de·vet·de·set
100	sto	sto
101	sto ena	sto e·na
102	sto dva	sto dva
1000	tisoč	tee·soch
1,000,000	milijon	mee·lee·yon

Colours

dark ...
    temno ...   tem·no ...

light ...
    svetlo ...   svet·lo ...

black	črna	chuhr·na
blue	modra	mod·ra
brown	rjava	rya·va
green	zelena	ze·le·na
grey	siva	see·va

orange	oranžna	o·ranzh·na
pink	roza	raw·za
red	rdeča	ruhde·cha
white	bela	be·la
yellow	rumena	roo·me·na

Time & dates

What time is it?	Koliko je ura?	ko·lee·ko ye oo·ra
It's one o'clock.	Ura je ena.	oo·ra ye e·na
It's (10) o'clock.	Ura je (deset).	oo·ra ye (de·set)
Quarter past (one).	Četrt čez (ena).	che·tuhrt chez (e·na)
Twenty past (one).	Dvajset čez (ena).	dvai·set chez (e·na)
Half past (one).	Pol (dveh). (lit: half two)	pol (dveh)
Twenty to (one).	Dvajset do (enih).	dvai·set do (e·neeh)
Quarter to (one).	Petnajst do (enih).	pet·naist do (e·neeh)
At what time?	Ob katerem času?	ob ka·te·rem cha·soo
At ...	Ob ...	ob ...

Monday	ponedeljek	po·ne·del·yek
Tuesday	torek	to·rek
Wednesday	sreda	sre·da
Thursday	četrtek	che·tuhr·tek
Friday	petek	pe·tek
Saturday	sobota	so·bo·ta
Sunday	nedelja	ne·del·ya

January	januar	ya·noo·ar
February	februar	feb·roo·ar
March	marec	ma·rets
April	april	ap·reel
May	maj	mai
June	junij	yoo·neey
July	julij	yoo·leey
August	avgust	av·goost
September	september	sep·tem·ber
October	oktober	ok·to·ber
November	november	no·vem·ber
December	december	de·tsem·ber

LOOK UP

spring	*pomlad* f	pom·*lad*
summer	*poletje* n	po·*let*·ye
autumn	*jesen* f	ye·*sen*
winter	*zima* f	*zee*·ma

What date?
 Katerega? ka·*te*·re·ga

What date is it today?
 Katerega smo danes? ka·*te*·re·ga smo *da*·nes

It's (18 October).
 Smo (osemnajstega oktobra). smo (*o*·sem·nai·ste·ga ok·*tob*·ra)

| since (May) | *od (maja)* | od (*ma*·ya) |
| until (June) | *do (junija)* | do (*yoo*·nee·ya) |

last ...	*prejšnji ...* m	*preysh*·nyee ...
	prejšnje ... n	*preysh*·nye ...
night	*večer* m	ve·*cher*
week	*teden* m	*te*·den
month	*mesec* m	*me*·sets
year	*leto* n	*le*·to

next ...	*naslednji ...* m	nas·*led*·nyee ...
	naslednje ... n	nas·*led*·nye ...
week	*teden* m	*te*·den
month	*mesec* m	*me*·sets
year	*leto* n	*le*·to

yesterday ...	*včeraj ...*	*vche*·rai ...
morning	*zjutraj*	*zyoot*·rai
afternoon	*popoldne*	po·*poh*·dne
evening	*zvečer*	zve·*cher*

tomorrow ...	*jutri ...*	*yoot*·ree ...
morning	*zjutraj*	*zyoo*·trai
afternoon	*popoldne*	po·*poh*·dne
evening	*zvečer*	zve·*cher*

A English–Slovene dictionary

Nouns in this dictionary have their gender indicated by m (masculine), f (feminine) or n (neuter). If it's a plural noun, you'll also see pl.
Where no gender is marked the word is either an adjective or a verb, with adjectives first.

A

(be) aboard vkrcan **vkuhr·tsan**
accident nesreča f **nes·re·cha**
accommodation nastanitev f
  na·sta·nee·tev
across čez **chez**
adaptor adapter m **a·dap·ter**
address naslov m **nas·loh**
admission price vstopnina f **vstop·nee·na**
after po **po**
afternoon popoldne n **po·pohl·dne**
aftershave brivska vodica f
  breev·ska vo·dee·tsa
again spet **spet**
air-conditioned klimatizirano
  klee·ma·tee·zee·ra·no
airline letalska družba f
  le·tal·ska droozh·ba
airplane letalo n **le·ta·lo**
airport letališče n **le·ta·leesh·che**
airport tax letališka pristojbina f
  le·ta·leesh·ka pree·stoy·bee·na
alarm clock budilka f **boo·deel·ka**
alcohol alkohol m **al·ko·hol**
all vse **vse**
allergy alergija f **a·ler·gee·ya**
alone sam **sam**
ambulance rešilni avto m
  re·sheel·nee av·to
and in **een**
ankle gleženj m **gle·zhen'**
antibiotics antibiotiki m pl
  an·tee·bee·o·tee·kee
antique starina f **sta·ree·na**
antiseptic razkužilo n **raz·koo·zhee·lo**
(have an) appointment biti naročen
  bee·tee na·ro·chen
architect arhitekt m **ar·hee·tekt**

architecture arhitektura f
  ar·hee·tek·too·ra
arm roka f **ro·ka**
arrivals prihodi m pl **pree·ho·dee**
arrive prispeti **pree·spe·tee**
art umetnost f **oo·met·nost**
art gallery galerija f **ga·le·ree·ya**
artist umetnik m **oo·met·neek**
ashtray pepelnik m **pe·pel·neek**
aspirin aspirin m **as·pee·reen**
assault napad m **na·pad**
ATM bankomat m **ban·ko·mat**
aunt teta f **te·ta**
Australia Avstralija f **avs·tra·lee·ya**

B

B&W (film) črno-bel **chuhr·no·be·oo**
baby dojenček m **do·yen·chek**
baby food otroška hrana f
  ot·rosh·ka hra·na
babysitter varuška f **va·roosh·ka**
back (body) hrbet m **huhr·bet**
backpack nahrbtnik m **na·huhrbt·neek**
bad slab **slab**
bag torba f **tor·ba**
baggage prtljaga f **puhrt·lya·ga**
baggage allowance dovoljena prtljaga f
  do·vo·lye·na puhrt·lya·ga
baggage claim prevzem prtljage m
  prev·zem puhrt·lya·ge
bakery pekarna f **pe·kar·na**
band (music) skupina f **skoo·pee·na**
bandage obveza f **ob·ve·za**
Band-Aids obliži m pl **ob·lee·zhee**
bank banka f **ban·ka**
bank account bančni račun m
  banch·nee ra·choon

70

English–Slovene dictionary C

banknotes bankovci m pl *ban·kov·tsee*
bar bar m *bar*
bath kopel f *ko·pel*
bathroom kopalnica f *ko·pal·nee·tsa*
battery baterija f *ba·te·ree·ya*
beach plaža f *pla·zha*
beautiful lep *lep*
beauty salon lepotilni salon m *le·po·teel·nee sa·lon*
because ker *ker*
bed postelja f *pos·tel·ya*
bedding posteljnina f *pos·tel'·nee·na*
bedroom spalnica f *spal·nee·tsa*
beer pivo n *pee·vo*
before prej *prey*
begin začeti *za·che·tee*
behind zadaj *za·dai*
best najboljši *nai·bol'·shee*
better boljši *bol'·shee*
bicycle bicikel m *bee·tsee·kel*
big velik *ve·leek*
bill (account) račun m *ra·choon*
birthday rojstni dan m *royst·nee dan*
blanket odeja f *o·de·ya*
blister žulj m *zhool'*
blocked zamašen *za·ma·shen*
blood kri f *kree*
blood group krvna skupina f *kuhrv·na skoo·pee·na*
blood pressure krvni tlak m *kuhrv·nee tlak*
board (plane, ship) vkrcati se *vkuhr·tsa·tee se*
boarding house penzion m *pen·zee·on*
boarding pass vstopni kupon m *vstop·nee koo·pon*
boat čoln m *chohn*
book knjiga f *knyee·ga*
book (reserve) rezervirati *re·zer·vee·ra·tee*
booked out polno zaseden *poh·no za·se·den*
bookshop knjigarna f *knyee·gar·na*
boots škornji m pl *shkor·nyee*
border meja f *me·ya*

boring dolgočasen *doh·go·cha·sen*
both oba *o·ba*
bottle steklenica f *stek·le·nee·tsa*
bottle opener odpirač m *od·pee·rach*
bowl skleda f *skle·da*
box škatla f *shkat·la*
boy fant m *fant*
boyfriend fant m *fant*
bra nedrček m *ne·duhr·chek*
brakes (car) zavore f pl *za·vo·re*
bread kruh m *krooh*
breakfast zajtrk m *zai·tuhrk*
bridge most m *most*
briefcase aktovka f *ak·tov·ka*
brochure brošura f *bro·shoo·ra*
broken (faulty) pokvarjen *pok·var·yen*
brother brat m *brat*
buffet samopostrežni bife m *sa·mo·pos·trezh·nee bee·fe*
building stavba f *stav·ba*
burn opeklina f *o·pek·lee·na*
bus avtobus m *av·to·boos*
business posel m *po·se·oo*
business (firm) podjetje n *pod·yet·ye*
business class poslovni razred m *pos·lov·nee raz·red*
businessperson poslovnež m *pos·lov·nezh*
bus station avtobusna postaja f *av·to·boos·na pos·ta·ya*
bus stop postajališče n *po·sta·ya·leesh·che*
busy zaseden *za·se·den*
but ampak *am·pak*
butcher's shop mesnica f *mes·nee·tsa*
button gumb m *goomb*
buy kupiti *koo·pee·tee*

C

café kavarna f *ka·var·na*
cake shop slaščičarna f *slash·chee·char·na*
calculator kalkulator m *kal·koo·la·tor*
camera fotoaparat m *fo·to·a·pa·rat*

71

C English–Slovene dictionary

camera shop trgovina s fotografsko opremo f **tuhr·go·vee·na s fo·to·graf·sko o·pre·mo**
camp site kamp m **kamp**
can (tin) pločevinka f **plo·che·veen·ka**
Canada Kanada f **ka·na·da**
cancel preklicati **prek·lee·tsa·tee**
can opener odpirač za pločevinke m **od·pee·rach za plo·che·veen·ke**
car avtomobil m **av·to·mo·beel**
car hire najem avtomobila m **na·yem av·to·mo·bee·la**
car owner's title naziv lastnika avtomobila m **na·zeev last·nee·ka av·to·mo·bee·la**
carpark parkirišče n **par·kee·reesh·che**
car registration registracija f **re·gees·tra·tsee·ya**
cash gotovina f **go·to·vee·na**
cash (a cheque) unovčiti **oo·nov·chee·tee**
cashier blagajničar/blagajničarka m/f **bla·gai·nee·char/bla·gai·nee·char·ka**
cash register blagajna f **bla·gai·na**
castle grad m **grad**
cathedral stolnica f **stol·nee·tsa**
Catholic katoliški **ka·to·leesh·kee**
CD zgoščenka f **zgosh·chen·ka**
cemetery pokopališče n **po·ko·pa·leesh·che**
centimetre centimeter m **tsen·tee·me·ter**
centre center m **tsen·ter**
chair stol m **stoh**
change sprememba f **spre·mem·ba**
change v spremeniti **spre·me·nee·tee**
change (money) menjati **men·ya·tee**
changing rooms preoblačilnica f **pre·ob·la·cheel·nee·tsa**
cheap poceni **po·tse·nee**
check (banking) ček m **chek**
check (bill) račun m **ra·choon**
check-in prijava za let f **pree·ya·va za let**
cheese sir m **seer**
chest prsi f pl **puhr·see**
chicken piščanec m **peesh·cha·nets**
child otrok m **ot·rok**
child seat otroški sedež m **ot·rosh·kee se·dezh**
children otroci m pl **ot·ro·tsee**
chilli čili m **chee·lee**
chocolate čokolada f **cho·ko·la·da**
choose izbirati **eez·bee·ra·tee**
Christmas božič m **bo·zheech**
church cerkev f **tser·kev**
cigarette cigareta f **tsee·ga·re·ta**
cigarette lighter vžigalnik m **vzhee·gal·neek**
cinema kino m **kee·no**
circus cirkus m **tseer·koos**
citizenship državljanstvo n **duhr·zhav·lyan·stvo**
city mesto n **mes·to**
city centre center mesta m **tsen·ter mes·ta**
classical klasičen **kla·see·chen**
clean čist **cheest**
cleaning čiščenje n **cheesh·chen·ye**
client stranka f **stran·ka**
cloakroom garderoba f **gar·de·ro·ba**
close zapreti **za·pre·tee**
closed zaprt **za·puhrt**
clothing obleka f **ob·le·ka**
clothing store trgovina z obleko f **tuhr·go·vee·na z ob·le·ko**
coast obala f **o·ba·la**
coat plašč m **plashch**
coffee kava f **ka·va**
coins kovanci m pl **ko·van·tsee**
cold (illness) prehlad m **preh·lad**
cold (weather) mraz m **mraz**
colleague sodelavec/sodelavka m/f **so·de·la·vets/so·de·lav·ka**
collect call klic na stroške klicanega m **kleets na strosh·ke klee·tsa·ne·ga**
colour barva f **bar·va**
comb glavnik m **glav·neek**
come priti **pree·tee**
comfortable udoben **oo·do·ben**
companion tovariš m **to·va·reesh**
company družba f **droozh·ba**

English–Slovene dictionary D

complain pritožiti se *pree-to-zhee-tee se*
computer računalnik m *ra-choo-nal-neek*
concert koncert m *kon-tsert*
conditioner balzam m *bal-zam*
condoms kondomi m pl *kon-do-mee*
confirm (a booking) potrditi *po-tuhr-dee-tee*
connection veza f *ve-za*
constipation zapeka f *za-pe-ka*
consulate konzulat m *kon-zoo-lat*
contact lenses kontaktne leče f pl *kon-takt-ne le-che*
cook kuhar m *koo-har*
cook v kuhati *koo-ha-tee*
corkscrew odčepnik m *od-chep-neek*
cost strošek m *stro-shek*
cotton bombaž m *bom-bazh*
cotton balls vata f *va-ta*
cough kašelj m *ka-shel'*
cough medicine zdravilo za kašelj n *zdra-vee-lo za ka-shel'*
countryside podeželje n *po-de-zhel-ye*
cover charge vstopnina f *vstop-nee-na*
crafts obrti f pl *o-buhr-tee*
cream krema f *kre-ma*
crèche jasli f pl *yas-lee*
credit card kreditna kartica f *kre-deet-na kar-tee-tsa*
cup skodelica f *sko-de-lee-tsa*
currency exchange menjava f *men-ya-va*
current (electricity) električni tok m *e-lek-tree-chnee tok*
customs (immigration) carina f *tsa-ree-na*
cut rezati *re-za-tee*
cutlery pribor m *pree-bor*

D

daily dneven *dne-ven*
dance v plesati *ple-sa-tee*
dangerous nevaren *ne-va-ren*
dark temen *te-men*
date (time) datum m *da-toom*

date of birth datum rojstva m *da-toom royst-va*
daughter hči f *hchee*
dawn zora f *zo-ra*
day dan m *dan*
day after tomorrow pojutrišnjem *po-yoot-reesh-nyem*
day before yesterday predvčerajšnjim *pred-vche-rai-shnyeem*
delay zamuda f *za-moo-da*
deliver dostaviti *dos-ta-vee-tee*
dental floss zobna nitka f *zob-na neet-ka*
dentist zobozdravnik m *zo-bo-zdrav-neek*
deodorant deodorant m *de-o-do-rant*
depart oditi *o-dee-tee*
department store blagovnica f *bla-gov-nee-tsa*
departure odhod m *od-hod*
deposit polog m *po-log*
destination cilj potovanja m *tseel' po-to-van-ya*
diabetes sladkorna bolezen f *slad-kor-na bo-le-zen*
diaper plenica f *ple-nee-tsa*
diarrhoea driska f *dree-ska*
diary dnevnik m *dnev-neek*
dictionary slovar m *slo-var*
different drugačen *droo-ga-chen*
dining car jedilni vagon m *ye-deel-nee va-gon*
dinner večerja f *ve-cher-ya*
direct direkten *dee-rek-ten*
direct-dial direktno izbiranje n *dee-rekt-no eez-bee-ran-ye*
dirty umazan *oo-ma-zan*
disabled invaliden *een-va-lee-den*
discount popust m *po-poost*
disk (computer) disk m *deesk*
doctor zdravnik m *zdrav-neek*
documentary dokumentarec m *do-koo-men-ta-rets*
dog pes m *pes*
dollar dolar m *do-lar*

LOOK UP

73

E English–Slovene dictionary

dope (drugs) mamilo n ma·*mee*·lo
double bed dvojna postelja f
    dvoy·na pos·*tel*·ya
double room soba za dva f *so*·ba za dva
down dol dol
dress obleka f ob·*le*·ka
drink pijača f pee·*ya*·cha
drink v piti *pee*·tee
drive voziti vo·*zee*·tee
drivers licence vozniško dovoljenje n
    voz·*neesh*·ko do·vol·*yen*·ye
drug zdravilo n zdra·*vee*·lo
drunk pijan pee·*yan*
dry (clothes) sušiti soo·*shee*·tee
duck raca f *ra*·tsa
dummy (pacifier) duda f *doo*·da

E

each vsak vsak
ear uho n *oo*·ho
early zgodaj *zgo*·dai
earplugs zamaški za ušesa m pl
    za·*mash*·kee za oo·*she*·sa
earrings uhani m pl oo·*ha*·nee
east vzhod m vzhod
Easter Velika noč f *ve*·lee·ka noch
eat jesti *yes*·tee
economy class turistični razred m
    too·*rees*·teech·nee *raz*·red
eczema ekcem m ek·*tsem*
electrical store trgovina z električno
    opremo f tuhr·go·*vee*·na z
    e·*lek*·treech·no o·*pre*·mo
electricity elektrika f e·*lek*·tree·ka
elevator dvigalo n dvee·*ga*·lo
email elektronska pošta f
    e·lek·*tron*·ska *posh*·ta
embassy ambasada f am·ba·*sa*·da
emergency nujen primer m
    noo·yen pree·*mer*
empty prazen *pra*·zen
end konec m *ko*·nets

engagement (marriage) zaroka f za·*ro*·ka
engine motor m mo·*tor*
engineer inženir m een·zhe·*neer*
engineering tehnika f *teh*·nee·ka
England Anglija f *ang*·lee·ya
English (language) angleščina f
    ang·*lesh*·chee·na
enough dovolj do·*vol'*
enter vstopiti vsto·*pee*·tee
entertainment guide vodnik po prireditvah
    m *vod*·*neek* po pree·re·*deet*·vah
envelope kuverta f koo·*ver*·ta
escalator tekoče stopnice f
    te·*ko*·che stop·*nee*·tse
euro evro m *ev*·ro
Europe Evropa f *ev*·ro·pa
evening večer m ve·*cher*
everything vse vse
exchange menjava f men·*ya*·va
exchange rate menjalni tečaj m
    men·*yal*·nee te·*chai*
exhibition razstava f *raz*·*sta*·va
exit izhod m *eez*·hod
expensive drago *dra*·go
express mail hitra pošta f *heet*·ra *posh*·ta
eye oko n *o*·ko

F

face obraz m ob·*raz*
fall pasti *pas*·tee
family družina f droo·*zhee*·na
family name priimek m *pree*·ee·mek
fan (machine) ventilator m ven·tee·*la*·tor
far daleč *da*·lech
fast hitro *heet*·ro
fat debel de·*be*·oo
father oče m *o*·che
father-in-law tast m tast
faulty pokvarjen pok·*var*·yen
feel občutiti ob·*choo*·tee·tee
feelings občutki m pl ob·*choot*·kee
festival (art, music) festival m fes·tee·*val*

English–Slovene dictionary

festival (celebration) praznovanje n praz·no·*van*·ye
fever vročina f vro·*chee*·na
fiancé zaročenec m za·ro·*che*·nets
fiancée zaročenka f za·ro·*chen*·ka
film film m feelm
film speed občutljivost filma f ob·choot·*lyee*·vost feel·ma
fine (payment) denarna kazen f de·*nar*·na *ka*·zen
finger prst m puhrst
first prvi *puhr*·vee
first-aid kit komplet za prvo pomoč m kom·*plet* za *puhr*·vo po·*moch*
first class prvi razred m *puhr*·vee·*raz*·red
fish riba f *ree*·ba
fishing ribolov m ree·bo·*lov*
fish shop ribarnica f ree·*bar*·nee·tsa
flash (camera) bliskavica f *blees*·ka·vee·tsa
flashlight baterija f ba·te·*ree*·ya
flight let m let
floor tla n pl tla
flower roža f *ro*·zha
fly leteti le·*te*·tee
food hrana f *hra*·na
foot stopalo n *sto*·pa·lo
football (soccer) nogomet m no·go·*met*
footpath steza f *ste*·za
foreign tuj tooy
forest gozd m gozd
forever za vedno za *ved*·no
fork vilice f pl *vee*·lee·tse
fragile lomljivo *lom*·lyee·vo
free (gratis) brezplačen brez·*pla*·chen
free (not bound) prost prost
fresh svež svezh
friend prijatelj/prijateljica m/f pree·ya·tel'/*pree*·ya·tel·yee·tsa
from od/iz od/eez
fruit sadje n *sad*·ye
fry cvreti *tsvre*·tee
frying pan ponev f *po*·nev

full poln pohn
funny smešen sme·shen
furniture pohištvo n po·*heesh*·tvo
future prihodnost f pree·*hod*·nost

G

game (sport) tekma f *tek*·ma
garden vrt m vuhrt
gasoline bencin m ben·*tseen*
Germany Nemčija f *nem*·chee·ya
gift darilo n da·*ree*·lo
girl dekle f *dek*·le
girlfriend dekle f *dek*·le
glass (drinking) kozarec m ko·*za*·rets
glasses (spectacles) očala n pl o·*cha*·la
gloves rokavice f pl ro·ka·*vee*·tse
go iti *ee*·tee
golf course igrišče za golf n *eeg*·*reesh*·che za golf
good dobro *dob*·ro
go out with iti na zmenek *ee*·tee na *zme*·nek
go shopping iti nakupovat *ee*·tee na·koo·po·*vat*
grandchild vnuk m vnook
grandfather ded m ded
grandmother babica f *ba*·bee·tsa
gray siv seev
great krasen *kra*·sen
green zelen ze·*len*
grocery špecerija f shpe·tse·*ree*·ya
grow rasti *ras*·tee
guide (person) vodnik m vod·*neek*
guidebook vodnik m vod·*neek*
guided tour voden izlet m *vo*·den eez·*let*

H

hairdresser frizer m *free*·zer
half pol poh
hand roka f *ro*·ka

I English–Slovene dictionary

handbag *ročna torbica* f *roch·na tor·bee·tsa*
handicrafts *ročna obrt* f *roch·na o·buhrt*
handmade *ročna izdelava* f *roch·na eez·de·la·va*
handsome *čeden* *che·den*
happy *srečen* *sre·chen*
hard *trd* *tuhrd*
hat *klobuk* m *klo·book*
have *imeti* *ee·me·tee*
hay fever *seneni nahod* m *se·ne·nee na·hod*
he *on* *on*
head *glava* f *gla·va*
headache *glavobol* m *gla·vo·bol*
headlights *žarometi* m pl *zha·ro·me·tee*
heart *srce* n *suhr·tse*
heart condition *obolenje srca* f *o·bo·le·nye suhr·tsa*
heat *vročina* f *vro·chee·na*
heater *grelec* m *gre·lets*
heavy *težek* *te·zhek*
help *pomoč* f *po·moch*
her *njen* *nyen*
here *tukaj* *too·kai*
high *visoko* *vee·so·ko*
hike *pohod* m *po·hod*
hiking *pohodništvo* n *po·hod·nee·shtvo*
hire *najeti* *na·ye·tee*
his *njegov* *nye·gov*
hitchhike *štop* m *shtop*
holidays *počitnice* f pl *po·cheet·nee·tse*
home *dom* m *dom*
homosexual *homoseksualec* m *ho·mo·sek·soo·a·lets*
honeymoon *medeni tedni* m *me·de·nee ted·nee*
horse riding *jahanje* n *ya·han·ye*
hospital *bolnišnica* f *bol·neesh·nee·tsa*
hot *vroče* *vro·che*
hotel *hotel* m *ho·tel*
hungry *lačen* *la·chen*
husband *mož* m *mozh*

I

I *jaz* *yaz*
ice *led* m *led*
ice cream *sladoled* m *sla·do·led*
identification (card) *osebna izkaznica* f *o·seb·na ezz·kaz·nee·tsa*
ill *bolan* *bo·lan*
important *pomemben* *po·mem·ben*
included *vključen* *vklyoo·chen*
indigestion *slaba prebava* f *sla·ba pre·ba·va*
infection *okužba* f *o·koozh·ba*
influenza *gripa* f *gree·pa*
information *informacije* f *een·for·ma·tsee·ye*
injection *injekcija* f *een·yek·tsee·ya*
injury *poškodba* f *posh·kod·ba*
insurance *zavarovanje* n *za·va·ro·van·ye*
intermission *odmor* m *od·mor*
internet *Internet* m *een·ter·net*
internet café *internetna kavarna* f *een·ter·net·na ka·var·na*
interpreter *tolmač* m *tol·mach*
Ireland *Irska* f *eer·ska*
iron (clothes) *likalnik* m *lee·kal·neek*
island *otok* m *o·tok*
IT *informacijska tehnologija* f *een·for·ma·tseey·ska teh·no·lo·gee·ya*
itch *srbečica* f *suhr·be·chee·tsa*
itinerary *potovalni načrt* m *po·to·val·nee na·chrt*

J

jacket *jopič* m *yo·peech*
jeans *džins* m *dzheens*
jet lag *motnja spalnega ritma* f *mot·nya spal·ne·ga reet·ma*
jewellery *nakit* m *na·keet*
jewellery shop *zlatarna* f *zla·tar·na*
job *služba* f *sloozh·ba*

76

English–Slovene dictionary K

journalist novinar/novinarka m/f
no·*vee*·nar/no·*vee*·nar·ka
jumper (sweater) pulover m *poo*·*lo*·ver

K

key ključ m *klyooch*
kilogram kilogram m *kee*·lo·*gram*
kilometre kilometer m *kee*·lo·*me*·ter
kind prijazen *pree*·*ya*·zen
kitchen kuhinja f *koo*·heen·ya
knee koleno n *ko*·*le*·no
knife nož m *nozh*

L

lake jezero n *ye*·ze·ro
language jezik m *ye*·*zeek*
laptop prenosnik m *pre*·*nos*·neek
late pozen *po*·zen
laundry (place) pralnica f *pral*·nee·tsa
law zakon m *za*·kon
lawyer odvetnik m *od*·*vet*·neek
laxative odvajalo n *od*·va·*ya*·lo
leather usnje n *oos*·nye
left (direction) levo *le*·vo
left luggage garderoba f *gar*·de·*ro*·ba
leg noga f *no*·ga
lens (camera) objektiv m *ob*·yek·*teev*
lesbian lezbijka f *lez*·beey·ka
less manj *man'*
letter (mail) pismo n *pees*·mo
library knjižnica f *knyeezh*·nee·tsa
life jacket rešilni jopič m
re·*sheel*·nee yo·*peech*
lift (elevator) dvigalo n *dvee*·*ga*·lo
light svetloba f *svet*·*lo*·ba
light (weight) lahek *la*·hek
lighter (cigarette) vžigalnik m
vzhee·*gal*·neek
light meter svetlomer m *svet*·lo·*mer*
line proga f *pro*·ga

lipstick rdečilo za ustnice n
uhr·de·*chee*·lo za *oost*·nee·tse
liquor store trgovina z alkoholnimi
pijačami f *tuhr*·go·*vee*·na z
al·ko·*hol*·nee·mee pee·*ya*·cha·mee
listen poslušati *pos*·*loo*·sha·tee
local lokalen *lo*·ka·len
lock ključavnica f *klyoo*·*chav*·nee·tsa
locked zaklenjen *zak*·*len*·yen
long dolg *dohg*
lost izgubljen *eez*-goob·*lyen*
lost-property office
urad za izgubljene predmete m
oo·*rad* za eez·goo·*blye*·ne pred·*me*·te
loud glasen *gla*·sen
love ljubezen f *lyoo*·*be*·zen
lubricant vlažilo n vla·*zhee*·lo
luggage prtljaga f *puhrt*·*lya*·ga
lunch kosilo n ko·*see*·lo
luxury razkošje n raz·*kosh*·ye

M

mail pošta f *posh*·ta
mailbox poštni nabiralnik m
posht·nee na·bee·*ral*·neek
make-up ličila n *lee*·*chee*·la
man moški m *mosh*·kee
manager upravitelj m *oo*·*pra*·*vee*·tel'
map zemljevid m *zem*·lye·*veed*
market tržnica f *tuhrzh*·nee·tsa
marry poročiti se *po*·ro·*chee*·tee se
massage masaža f *ma*·*sa*·zha
masseur/masseuse maser/maserka m/f
ma·*ser*/*ma*·*ser*·ka
match (sport) tekma f *tek*·ma
matches vžigalice f pl *vzhee*·*ga*·lee·tse
mattress žimnica f *zheem*·nee·tsa
measles ošpice f pl *osh*·pee·tse
meat meso n *me*·*so*
medicine zdravilo n zdra·*vee*·lo
menu jedilni list m *ye*·*deel*·nee leest
message sporočilo n *spo*·ro·*chee*·lo

LOOK UP

77

N English–Slovene dictionary

metre *meter* m *me·ter*
microwave *mikrovalovna pečica* f *meek·ro·va·lov·na pe·chee·tsa*
midnight *polnoč* f *pol·noch*
milk *mleko* n *mle·ko*
millimetre *milimeter* m *mee·lee·me·ter*
mineral water *mineralna voda* f *mee·ne·ral·na vo·da*
minute *minuta* f *mee·noo·ta*
mirror *ogledalo* n *og·le·da·lo*
mobile phone *mobilni telefon* m *mo·beel·nee te·le·fon*
moisturiser *vlažilna krema* f *vla·zheel·na kre·ma*
money *denar* m *de·nar*
month *mesec* m *me·sets*
mother *mama* f *ma·ma*
mother-in-law *tašča* f *tash·cha*
motorcycle *motorno kolo* n *mo·tor·no ko·lo*
motorway *motorna cesta* f *mo·tor·na tses·ta*
mountain *gora* f *go·ra*
mouth *usta* f pl *oos·ta*
movie *film* m *feelm*
museum *muzej* m *moo·zey*
music *glasba* f *glas·ba*
musician *glasbenik* m *glas·be·neek*
my *moj* *moy*

N

nail clippers *ščipalnik za nohte* m *shchee·pal·neek za no·hte*
name (given) *ime* n *ee·me*
napkin *prtiček* m *puhr·tee·chek*
nappy *plenica* f *ple·nee·tsa*
nausea *slabost* f *sla·bost*
near *poleg* *po·leg*
nearby *blizu* *blee·zoo*
nearest *najbližji* *nai·bleezh·yee*
necklace *ogrlica* f *o·guhr·lee·tsa*
needle (sewing) *šivanka* f *shee·van·ka*

needle (syringe) *injekcijska igla* f *een·yek·tseey·ska ee·gla*
Netherlands *Nizozemska* f *nee·zo·zem·ska*
new *nov* *noh*
news *novice* f pl *no·vee·tse*
newsagency (newsstand) *kiosk* m *kee·osk*
newspaper *časopis* m *cha·so·pees*
New Year *novo leto* n *no·vo le·to*
New Zealand *Nova Zelandija* f *no·va ze·lan·dee·ya*
next *naslednji* *nas·led·nyee*
night *noč* f *noch*
no *ne* *ne*
noisy *hrupen* *hroo·pen*
nonsmoking *nekadilski* *ne·ka·deel·skee*
north *sever* m *se·ver*
nose *nos* m *nos*
notebook *zvezek* m *zve·zek*
nothing *nič* *neech*
now *zdaj* *zdai*
number *število* n *shte·vee·lo*
nurse *medicinska sestra* f *me·dee·tseen·ska ses·tra*

O

off (food) *pokvarjen* *pok·var·yen*
oil *olje* n *ol·ye*
old *star* *star*
olive oil *oljčno olje* n *ol'·chno ol·ye*
on *na* *na*
once *enkrat* *en·krat*
one-way ticket *enosmerna vozovnica* f *e·no·smer·na vo·zov·nee·tsa*
open *a odprt* *od·puhrt*
opening hours *odpiralni čas* m *od·pee·ral·nee chas*
opposite *nasproti* *nas·pro·tee*
orange (colour) *oranžen* *o·ran·zhen*
other *drug* *droog*
our *naš* *nash*
outside *zunaj* *zoo·nai*

English–Slovene dictionary

P

pacifier (dummy) duda f *doo*·da
package paket m *pa*·ket
packet zavitek m za·*vee*·tek
padlock žabica (ključavnica) f
  zha·bee·tsa (klyoo·*chav*·nee·tsa)
pain bolečina f bo·le·*chee*·na
painful boleč bo·*lech*
painkillers analgetiki m pl a·nal·*ge*·tee·kee
painter slikar/slikarka m/f
  slee·*kar*/slee·*kar*·ka
painting slika f *slee*·ka
palace palača f pa·*la*·cha
pants (trousers) hlače f pl *hla*·che
pantyhose hlačne nogavice f pl
  hlach·ne no·ga·*vee*·tse
panty liners dnevni vložki m pl
  dnev·nee *vlozh*·kee
paper papir m pa·*peer*
paperwork birokracija f bee·rok·*ra*·tsee·ya
parents starši m pl *star*·shee
park park m park
park (car) parkirati par·*kee*·ra·tee
party zabava f za·*ba*·va
passenger potnik m *pot*·neek
passport potni list m *pot*·nee leest
passport number številka potnega lista f
  shte·*veel*·ka *pot*·ne·ga *lees*·ta
past preteklost f pre·*tek*·lost
path pot f pot
pay plačati pla·*cha*·tee
payment plačilo n pla·*chee*·lo
pen pisalo n pee·*sa*·lo
pencil svinčnik m *sveench*·neek
penknife žepni nož m *zhep*·nee nozh
pensioner upokojenec m oo·po·*ko*·ye·nets
per (day) na (dan) na (dan)
perfume parfum m par·*foom*
permit n dovoljenje n do·vol·*yen*·ye
petrol bencin m ben·*tseen*
pharmacist lekarnar m le·*kar*·nar
pharmacy lekarna f le·*kar*·na

phone book telefonski imenik m
  te·le·*fon*·skee ee·me·*neek*
phone box govorilnica f go·vo·*reel*·nee·tsa
phonecard telefonska kartica f
  te·le·*fon*·ska *kar*·tee·tsa
photograph n fotografija f fo·to·gra·*fee*·ya
photograph v fotografirati
  fo·to·gra·*fee*·ra·tee
photographer fotograf m fo·to·*graf*
phrasebook jezikovni vodnik m
  ye·zee·*kov*·nee vod·*neek*
picnic piknik m *peek*·neek
pill tableta f *tab*·le·ta
pillow blazina f bla·*zee*·na
pillowcase prevleka za blazino f
  prev·le·ka za bla·*zee*·no
pink rožnat *rozh*·nat
pistachio pistacija f pees·*ta*·tsee·ya
plane letalo n le·*ta*·lo
plate krožnik m *krozh*·neek
platform peron m pe·*ron*
play igrati (se) eeg·*ra*·tee (se)
plug (electricity) vtikač m vtee·*kach*
point točka f *toch*·ka
police policija f po·*lee*·tsee·ya
police station policijska postaja f
  po·*lee*·tseey·ska pos·*ta*·ya
pool (swimming) bazen m ba·*zen*
postage poštnina f *posht*·nee·na
postcard razglednica f raz·*gled*·nee·tsa
postcode poštna številka f
  posht·na shte·*veel*·ka
poster plakat m pla·*kat*
post office pošta f *posh*·ta
pound (money) funt m foont
pregnant noseča no·*se*·cha
price cena f *tse*·na
private zaseben za·*se*·ben
pub bar m bar
public telephone javni telefon m
  yav·nee te·*le*·fon
public toilet javno stranišče n
  yav·no stra·*neesh*·che
pull vleči *vle*·chee

LOOK UP

79

English–Slovene dictionary

puncture prebod m **pre**·bod
purple škrlaten **shkuhr**·la·ten
push potiskati po·**tees**·ka·tee

Q

quick hiter **hee**·ter
quiet tih **teeh**

R

railway station železniška postaja f zhe·**lez**·neesh·ka pos·**ta**·ya
rain dež m **dezh**
raincoat dežni plašč m **dezh**·nee plashch
rare redek **re**·dek
razor brivnik m **breev**·neek
razor blade britev f **bree**·te·oo
receipt račun m ra·**choon**
recommend priporočiti pree·po·ro·**chee**·tee
refrigerator hladilnik m hla·**deel**·neek
refund vračilo denarja n vra·**chee**·lo de·**nar**·ya
registered mail priporočena pošta f pree·po·ro·**che**·na **posh**·ta
relax sprostiti se spros·**tee**·tee se
remote control daljinski upravljavec m dal·**yeen**·skee oo·prav·**lya**·vets
rent najeti na·**ye**·tee
repair popraviti pop·**ra**·vee·tee
reservation rezervacija f re·zer·**va**·tsee·ya
rest počivati po·**chee**·va·tee
restaurant restavracija f res·tav·**ra**·tsee·ya
return vrniti vr·**nee**·tee
return ticket povratna vozovnica f pov·**rat**·na vo·zov·nee·tsa
right (correct) prav **prow**
right (direction) desno **des**·no
ring (phone) v poklicati po·**klee**·tsa·tee
river reka f **re**·ka
road cesta f **tses**·ta
rock (music) rok m **rok**
romantic romantičen ro·**man**·tee·chen

room soba f **so**·ba
room number številka sobe f **shte**·**veel**·ka **so**·be
ruins ruševine f pl **roo**·she·**vee**·ne

S

safe varen **va**·ren
sale razprodaja f raz·pro·**da**·ya
sanitary napkins damski vložki m pl **dam**·skee **vlozh**·kee
scarf šal m **shal**
school šola f **sho**·la
science znanost f **zna**·nost
scientist znanstvenik/znanstvenica m/f **znan**·stve·neek/**znan**·stve·nee·tsa
scissors škarje f pl **shkar**·ye
Scotland Škotska f **shkot**·ska
sculpture kip m **keep**
sea morje n **mor**·ye
seasickness morska bolezen f **mor**·ska bo·**le**·zen
season letni čas m **let**·nee chas
seat sedež m se·**dezh**
seatbelt varnostni pas m **var**·nost·nee pas
second (time) sekunda f se·**koon**·da
second-hand rabljen **rab**·lyen
send poslati pos·**la**·tee
separate ločen **lo**·chen
service charge v ceno vključena napitnina f v **tse**·no vklyoo·**che**·na na·**peet**·**nee**·na
service station servis m **ser**·vees
sex seks m **seks**
shampoo šampon m sham·**pon**
share (with) deliti de·**lee**·tee
shave briti (se) **bree**·tee (se)
shaving cream krema za britje f **kre**·ma za **breet**·ye
she ona o·**na**
sheet (bed) rjuha f **ryoo**·ha
shirt srajca f **srai**·tsa
shoes čevlji m pl **chev**·lyee

English–Slovene dictionary S

shoe shop *trgovina s čevlji* f *tuhr·go·vee·na s chev·lyee*
shop *trgovina* f *tuhr·go·vee·na*
shopping centre *nakupovalni center* m *na·koo·po·val·nee tsen·ter*
short (height) *majhen mai·hen*
short (length) *kratek kra·tek*
shorts *kratke hlače* f pl *krat·ke hla·che*
shoulders *ramena* f pl *ra·me·na*
shout *kričati kree·cha·tee*
show *kazati ka·za·tee*
shower *prha* f *puhr·ha*
shut v *zapreti za·pre·tee*
sick *bolan bo·lan*
signature *podpis* m *pod·pees*
silk *svila* f *svee·la*
silver *srebro* n *sre·bro*
single (unmarried) *samski sam·skee*
single room *enoposteljna soba* f *e·no·pos·tel'·na so·ba*
sister *sestra* f *ses·tra*
sit *sedeti se·de·tee*
size *velikost* f *ve·lee·kost*
skiing *smučanje* n *smoo·cha·nye*
skirt *krilo* n *kree·lo*
sleep *spati spa·tee*
sleeping bag *spalna vreča* f *spal·na vre·cha*
sleeping car *spalnik* m *spal·neek*
sleeping pills *uspavalne tablete* f pl *oos·pa·val·ne tab·le·te*
slide (film) *diapozitiv* m *dee·a·po·zee·teev*
slowly *počasi po·cha·see*
small *majhen mai·hen*
smell *vonj von'*
smile *nasmeh* m *nas·meh*
smoke *kaditi ka·dee·tee*
snack *malica* f *ma·lee·tsa*
snow *sneg* m *sneg*
soap *milo* n *mee·lo*
socks *nogavice* f pl *no·ga·vee·tse*
some *nekaj ne·kai*
son *sin* m *seen*
soon *kmalu kma·loo*
south *jug* m *yoog*

souvenir *spominek* m *spo·mee·nek*
souvenir shop *trgovina s spominki* f *tuhr·go·vee·na s spo·meen·kee*
Spain *Španija* f *shpa·nee·ya*
speak *govoriti go·vo·ree·tee*
spoon *žlica* f *zhlee·tsa*
sport *šport* m *shport*
sports store *športna trgovina* f *shport·na tuhr·go·vee·na*
sprain *zvin* m *zveen*
spring (season) *pomlad* f *pom·lad*
stairway *stopnice* f *stop·nee·tse*
stamp *znamka* f *znam·ka*
stand-by ticket *stand-by vozovnica* f *stand·bai vo·zov·nee·tsa*
station *postaja* f *pos·ta·ya*
stockings *damske nogavice* f pl *dam·ske no·ga·vee·tse*
stomach *želodec* m *zhe·lo·dets*
stomachache *bolečine v želodcu* f *bo·le·chee·ne v zhe·lod·tsoo*
stop *stop stop*
street *ulica* f *oo·lee·tsa*
string *vrvica* f *vuhr·vee·tsa*
student *študent/študentka* m/f *shtoo·dent/shtoo·dent·ka*
subtitles *podnapisi* m pl *pod·na·pee·see*
suitcase *aktovka* f *ak·tov·ka*
summer *poletje* n *po·let·ye*
sun *sonce* n *son·tse*
sunblock *krema za sončenje* f *kre·ma za son·chen·ye*
sunburn *sončne opekline* f *son·chne o·pek·lee·ne*
sunglasses *sončna očala* n pl *son·chna o·cha·la*
sunrise *sončni vzhod* m *son·chnee vzhod*
sunset *sončni zahod* m *son·chnee za·hod*
supermarket *trgovina* f *tuhr·go·vee·na*
surface mail *navadna pošta* f *na·vad·na posh·ta*
surname *priimek* m *pree·ee·mek*
sweater *pulover* m *poo·lo·ver*
sweet *sladek sla·dek*

LOOK UP

81

T English–Slovene dictionary

swim plavati *pla·va·tee*
swimming pool bazen m *ba·zen*
swimsuit kopalke f pl *ko·pal·ke*

T

tailor krojač m *kro·yach*
tampons tamponi m pl *tam·po·nee*
tap pipa f *pee·pa*
tasty okusen *o·koo·sen*
taxi taksi m *tak·see*
taxi stand postajališče za taksi n *pos·ta·ya·leesh·che za tak·see*
teacher učitelj/učiteljica m/f *oo·chee·tel'/oo·chee·tel·yee·tsa*
teaspoon čajna žlička f *chai·na zhleech·ka*
telegram telegram m *te·le·gram*
telephone telefon m *te·le·fon*
telephone centre klicni center m *kleets·nee tsen·ter*
television televizija f *te·le·vee·zee·ya*
temperature (fever) vročina f *vro·chee·na*
temperature (weather) temperatura f *tem·pe·ra·too·ra*
tennis tenis m *te·nees*
tent šotor m *sho·tor*
theatre gledališče n *gle·da·leesh·che*
their njihov *nyee·hov*
thirst žeja f *zhe·ya*
this to *to*
throat grlo n *guhr·lo*
ticket vozovnica f *vo·zov·nee·tsa*
ticket collector sprevodnik m *spre·vod·neek*
ticket machine avtomat za karte m *av·to·mat za kar·te*
ticket office prodaja vozovnic f *pro·da·ya vo·zov·neets*
time (clock) ura f *oo·ra*
time (general) čas m *chas*
time difference časovna razlika f *cha·sov·na raz·lee·ka*
timetable vozni red m *voz·nee red*
tin (can) pločevinka f *plo·che·veen·ka*

tin opener odpirač za pločevinke m *od·pee·rach za plo·che·veen·ke*
tip (gratuity) napitnina f *na·peet·nee·na*
tired utrujen *oo·troo·yen*
tissues robčki m pl *rob·chkee*
toast opečenec m *o·pe·che·nets*
toaster opekač m *o·pe·kach*
today danes *da·nes*
together skupaj *skoo·pai*
toilet stranišče n *stra·neesh·che*
toilet paper toaletni papir m *to·a·let·nee pa·peer*
tomorrow jutri *yoot·ree*
tone ton m *ton*
tonight nocoj *no·tsoy*
too (much) preveč *pre·vech*
toothache zobobol m *zo·bo·bol*
toothbrush zobna ščetka f *zob·na shchet·ka*
toothpaste zobna pasta f *zob·na pas·ta*
toothpick zobotrebec m *zo·bo·tre·bets*
torch (flashlight) baterija f *ba·te·ree·ya*
tour izlet m *eez·let*
tourist turist/turistka m/f *too·reest/too·reest·ka*
tourist office turistični urad m *too·rees·teech·nee oo·rad*
towel brisača f *bree·sa·cha*
tower stolp m *stolp*
town mesto n *mes·to*
traffic promet m *pro·met*
traffic lights semafor m *se·ma·for*
train vlak m *vlak*
train station železniška postaja f *zhe·lez·neesh·ka pos·ta·ya*
transit tranzit m *tran·zeet*
transit lounge tranzitna čakalnica f *tran·zeet·na cha·kal·nee·tsa*
translate prevesti *pre·ves·tee*
travel agency potovalna agencija f *po·to·val·na a·gen·tsee·ya*
travellers cheque potovalni ček m *po·to·val·nee chek*
travel sickness potovalna slabost f *po·to·val·na sla·bost*

English–Slovene dictionary

trousers hlače f pl *hla*-che
try poskusiti *pos*-koo-see-tee
T-shirt majica f *ma*-yee-tsa
tube (tyre) zračnica f *zrach*-nee-tsa
tweezers pinceta f *peen*-tse-ta
twin beds ločeni postelji f pl *lo*-che-nee *pos*-tel-yee
tyre guma f *goo*-ma

U

umbrella dežnik m *dezh*-neek
uncle stric m streets
uncomfortable neudoben *ne*-oo-do-ben
underground a podzemni *pod*-zem-nee
underwear spodnje perilo n *spod*-nye pe-ree-lo
university univerza f *oo*-nee-ver-za
until do do
up gor gor
urgent nujno *nooy*-no
USA ZDA f *ze de a*

V

vacant prost prost
vacation počitnice f pl *po*-cheet-nee-tse
vaccination cepljenje n *tsep*-lye-nye
vegetable zelenjava f *ze*-len-ya-va
vegetarian vegetarijanski *ve*-ge-ta-ree-yan-skee
video tape video trak m *vee*-de-o trak
view razgled m *raz*-gled
village vas f vas
visa viza f *vee*-za

W

wait čakati *cha*-ka-tee
waiter natakar m *na*-ta-kar
waiting room čakalnica f *cha*-kal-nee-tsa
walk hoditi *ho*-dee-tee
wallet denarnica f *de*-nar-nee-tsa
warm topel *to*-pe-oo
wash (something) prati *pra*-tee
wash (yourself) umiti se *oo*-mee-tee se
washing machine pralni stroj m *pral*-nee stroy
watch zapestna ura f *za*-pest-na *oo*-ra
water voda f *vo*-da
wedding poroka f *po*-ro-ka
weekend vikend m *vee*-kend
west zahod m *za*-hod
wet moker *mo*-ker
wheelchair invalidski voziček m *een*-va-leed-skee vo-zee-chek
when ko ko
where kje kye
white bel *be*-oo
who kdo kdo
why zakaj *za*-kai
wife žena f *zhe*-na
window okno n *ok*-no
wine vino n *vee*-no
with z/s z/s
without brez brez
woman ženska f *zhen*-ska
wood les m les
wool volna f *vol*-na
world svet m svet
write pisati *pee*-sa-tee

Y

year leto n *le*-to
yellow rumen *roo*-men
yes da da
yesterday včeraj *vche*-rai
you ti sg inf tee
you vi sg pol & pl vee
youth hostel mladinski hotel m *mla*-deen-skee ho-*tel*

Z

zodiac zodiak m *zo*-dee-ak
zoo živalski vrt m *zhee*-val-skee vuhrt

U

LOOK UP

A Slovene–English dictionary

Nouns in this dictionary have their gender indicated by m (masculine), f (feminine) or n (neuter). If it's a plural noun, you'll also see pl.
Where no gender is marked the word is either an adjective or a verb, with adjectives first.

A

alergija f a·ler·gee·ya allergy
ambasada f am·ba·sa·da embassy
analgetiki m pl a·nal·ge·tee·kee painkillers
angleščina f ang·lesh·chee·na English (language)
avtobus m av·to·boos bus
avtobusna postaja f av·to·boos·na pos·ta·ya bus station
avtomat za karte m av·to·mat za kar·te ticket machine
avtomobil m av·to·mo·beel car

B

bančni račun m banch·nee ra·choon bank account
banka f ban·ka bank
bankomat m ban·ko·mat ATM
bankovci m pl ban·kov·tsee banknotes
baterija f ba·te·ree·ya battery • torch
bazen m ba·zen swimming pool
bencin m ben·tseen petrol (gasoline)
bicikel m bee·tsee·kel bicycle
blagajna f bla·gai·na cash register
blazina f bla·zee·na pillow
blizu blee·zoo nearby
bolan bo·lan sick (ill)
boleč bo·lech painful
bolečina f bo·le·chee·na pain
bolečine v želodcu f bo·le·chee·ne v zhe·lod·tsoo stomachache
boljši bol'·shee better
bolnišnica f bol·neesh·nee·tsa hospital
brat m brat brother
brez brez without

brezplačen brez·pla·chen free (gratis)
brisača f bree·sa·cha towel
britev f bree·te·oo razor blade
briti (se) bree·tee (se) shave
brivnik m breev·neek razor
budilka f boo·deel·ka alarm clock

C

carina f tsa·ree·na customs (immigration)
cena f tse·na price
center m tsen·ter centre
cepljenje n tsep·lye·nye vaccination
cesta f tses·ta road

Č

čajna žlička f chai·na zhleech·ka teaspoon
čakalnica f cha·kal·nee·tsa waiting room
čakati cha·ka·tee wait
čas m chas time (general)
časopis m cha·so·pees newspaper
čevlji m pl chev·lyee shoes
čist cheest clean
čiščenje n cheesh·chen·ye cleaning
čoln m chohn boat

D

da da yes
daleč da·lech far
damski vložki m pl dam·skee vlozh·kee sanitary napkins
dan m dan day
danes da·nes today
darilo n da·ree·lo gift
datum m da·toom date (time)

84

Slovene–English dictionary E

dekle f *dek·le* girl • girlfriend
deliti *de·lee·tee* share (with)
denar m *de·nar* money
denarna kazen f *de·nar·na ka·zen* fine (payment)
denarnica f *de·nar·nee·tsa* wallet
desno *des·no* right (direction)
dež m *dezh* rain
dežnik m *dezh·neek* umbrella
direkten *dee·rek·ten* direct
dneven *dne·ven* daily
dnevni vložki m pl *dnev·nee vlozh·kee* panty liners
do *do* until
dobro *dob·ro* good
dojenček m *do·yen·chek* baby
dol *dol* down
dolg *dohg* long
dovolj *do·vol'* enough
dovoljena prtljaga f *do·vo·lye·na puhr·tlya·ga* baggage allowance
dovoljenje n *do·vol·yen·ye* permit
drago *dra·go* expensive
driska f *dree·ska* diarrhoea
drug *droog* other
drugačen *droo·ga·chen* different
družba f *droozh·ba* company
družina f *droo·zhee·na* family
državljanstvo n *duhr·zhav·lyan·stvo* citizenship
duda f *doo·da* dummy (pacifier)
dvigalo n *dvee·ga·lo* lift (elevator)
dvojna postelja f *dvoy·na pos·tel·ya* double bed

E

elektrika f *e·lek·tree·ka* electricity
elektronska pošta f *e·lek·tron·ska posh·ta* email
enkrat *en·krat* once
enoposteljna soba f *e·no·pos·tel'·na so·ba* single room
enosmerna vozovnica f *e·no·smer·na vo·zov·nee·tsa* one-way ticket

F

fant m *fant* boy • boyfriend
fotoaparat m *fo·to·a·pa·rat* camera
fotografija f *fo·to·gra·fee·ya* photograph
fotografirati *fo·to·gra·fee·ra·tee* photograph

G

garderoba f *gar·de·ro·ba* cloakroom • left luggage
glava f *gla·va* head
glavnik m *glav·neek* comb
glavobol m *gla·vo·bol* headache
gleženj m *gle·zhen'* ankle
gor *gor* up
gora f *go·ra* mountain
gotovina f *go·to·vee·na* cash
govorilnica f *go·vo·reel·nee·tsa* phone box
govoriti *go·vo·ree·tee* speak
gozd m *gozd* forest
grelec m *gre·lets* heater
gripa f *gree·pa* influenza
grlo n *guhr·lo* throat
guma f *goo·ma* tyre
gumb m *goomb* button

H

hči f *hchee* daughter
hiter *hee·ter* quick
hitra pošta f *heet·ra posh·ta* express mail
hitro *heet·ro* fast
hlače f pl *hla·che* pants (trousers)
hoditi *ho·dee·tee* walk
hrana f *hra·na* food
hrbet m *huhr·bet* back (body)
hrupen *hroo·pen* noisy

LOOK UP

85

Slovene–English dictionary

I

ime n *ee·me* first name
imeti *ee·me·tee* have
injekcija f *een·yek·tsee·ya* injection
injekcijska igla f *een·yek·tseey·ska ee·gla* needle (syringe)
internetna kavarna f *een·ter·net·na ka·var·na* internet café
invaliden *een·va·lee·den* disabled
invalidski voziček m *een·va·leed·skee vo·zee·chek* wheelchair
iti *ee·tee* go
izbirati *eez·bee·ra·tee* choose
izgubljen *eez·goob·lyen* lost
izhod m *eez·hod* exit
izlet m *eez·let* tour

J

jasli f pl *yas·lee* crèche
javni telefon m *yav·nee te·le·fon* public telephone
javno stranišče n *yav·no stra·neesh·che* public toilet
jaz *yaz* I
jedilni list m *ye·deel·nee leest* menu
jedilni vagon m *ye·deel·nee va·gon* dining car
jesti *yes·tee* eat
jezero n *ye·ze·ro* lake
jopič m *yo·peech* jacket
jug m *yoog* south
jutri *yoot·ree* tomorrow

K

kaditi *ka·dee·tee* smoke
kamp m *kamp* camp site
kašelj m *ka·shel'* cough
kava f *ka·va* coffee
kavarna f *ka·var·na* café
kazati *ka·za·tee* show

kdo *kdo* who
kiosk m *kee·osk* newsagency (newsstand)
kje *kye* where
klicni center m *kleets·nee tsen·ter* telephone centre
klimatizirano *klee·ma·tee·zee·ra·no* air-conditioned
ključ m *klyooch* key
ključavnica f *klyoo·chav·nee·tsa* lock
kmalu *kma·loo* soon
knjiga f *knyee·ga* book
ko *ko* when
koleno n *ko·le·no* knee
komplet za prvo pomoč m *kom·plet za puhr·vo po·moch* first-aid kit
konec m *ko·nets* end
kontaktne leče f pl *kon·takt·ne le·che* contact lenses
konzulat m *kon·zoo·lat* consulate
kopalke f pl *ko·pal·ke* swimsuit
kopalnica f *ko·pal·nee·tsa* bathroom
kosilo n *ko·see·lo* lunch
kovanci m pl *ko·van·tsee* coins
kozarec m *ko·za·rets* glass (drinking)
kratek *kra·tek* short (length)
kreditna kartica f *kre·deet·na kar·tee·tsa* credit card
krema za britje f *kre·ma za breet·ye* shaving cream
kri f *kree* blood
kričati *kree·cha·tee* shout
krilo n *kree·lo* skirt
krožnik m *krozh·neek* plate
kruh m *krooh* bread
krvna skupina f *kuhrv·na skoo·pee·na* blood group
krvni tlak m *kuhrv·nee tlak* blood pressure
kuhar m *koo·har* cook
kuhati *koo·ha·tee* cook v
kuhinja f *koo·heen·ya* kitchen
kupiti *koo·pee·tee* buy
kuverta f *koo·ver·ta* envelope

Slovene–English dictionary

L

lačen *la-chen* hungry
lahek *la-hek* light (weight)
led m *led* ice
lekarna f *le-kar-na* pharmacy
lekarnar m *le-kar-nar* pharmacist
let m *let* flight
letališče n *le-ta-leesh-che* airport
letališka pristojbina f *le-ta-leesh-ka pree-stoy-bee-na* airport tax
letalo n *le-ta-lo* airplane
leteti *le-te-tee* fly
levo *le-vo* left (direction)
ločen *lo-chen* separate
ločeni postelji f pl *lo-che-nee pos-tel-yee* twin beds
lokalen *lo-ka-len* local
lomljivo *lom-lyee-vo* fragile

M

majhen *mai-hen* short (height) • small
majica f *ma-yee-tsa* T-shirt
malica f *ma-lee-tsa* snack
mama f *ma-ma* mother
manj *man'* less
medicinska sestra f *me-dee-tseen-ska ses-tra* nurse
meja f *me-ya* border
menjalni tečaj m *men-yal-nee te-chai* exchange rate
menjati *men-ya-tee* change (money)
menjava f *men-ya-va* currency exchange
mesec m *me-sets* month
meso n *me-so* meat
mesto n *mes-to* city • town
milo n *mee-lo* soap
mineralna voda f *mee-ne-ral-na vo-da* mineral water
mladinski hotel m *mla-deen-skee ho-tel* youth hostel
mleko n *mle-ko* milk
mobilni telefon m *mo-beel-nee te-le-fon* mobile phone
moker *mo-ker* wet
morje n *mor-ye* sea
most m *most* bridge
moški m *mo-shkee* man
motor m *mo-tor* engine
motorna cesta f *mo-tor-na tses-ta* motorway
motorno kolo n *mo-tor-no ko-lo* motorcycle
mož m *mozh* husband
mraz m *mraz* cold

N

nahrbtnik m *na-huhrbt-neek* backpack
najbližji *nai-bleezh-yee* nearest
najboljši *nai-bol'-shee* best
najem avtomobila m *na-yem av-to-mo-bee-la* car hire
najeti *na-ye-tee* hire • rent
napad m *na-pad* assault
napitnina f *na-peet-nee-na* tip (gratuity)
naslednji *nas-led-nyee* next
naslov m *nas-loh* address
nasproti *nas-pro-tee* opposite
nastanitev f *na-sta-nee-tev* accommodation
natakar m *na-ta-kar* waiter
navadna pošta f *na-vad-na posh-ta* surface mail
ne *ne* no
nedrček m *ne-duhr-chek* bra
nekadilski *ne-ka-deel-skee* nonsmoking
nekaj *ne-kai* some
nesreča f *nes-re-cha* accident
nevaren *ne-va-ren* dangerous
nič *neech* nothing
nocoj *no-tsoy* tonight
noč f *noch* night
noga f *no-ga* leg
nos m *nos* nose
noseča *no-se-cha* pregnant

LOOK UP

87

Slovene–English dictionary

nov noh *new*
novice f pl no·*vee*·tse *news*
nož m nozh *knife*
nujen primer m *noo*·yen *pree*·mer *emergency*
nujno *nooy*·no *urgent*

O

oba o·*ba* *both*
obala f o·*ba*·la *coast*
občutiti ob·*choo*·tee·tee *feel*
obleka f *ob*·le·ka *clothing* • *dress*
obliži m pl ob·*lee*·zhee *Band-Aids*
obolenje srca f o·*bo*·le·nye suhr·*tsa* *heart condition*
obraz m *ob*·raz *face*
obveza f *ob*·ve·za *bandage*
očala n pl o·*cha*·la *glasses (spectacles)*
oče m *o*·che *father*
odeja f o·*de*·ya *blanket*
odhod m *od*·hod *departure*
oditi o·*dee*·tee *depart*
odprt *od*·puhrt *open*
odvajalo n od·va·ya·lo *laxative*
ogledalo n og·*le*·da·lo *mirror*
okno n *ok*·no *window*
oko n o·*ko* *eye*
okužba f o·*koozh*·ba *infection*
olje n *ol*·ye *oil*
on on *he*
ona o·*na* *she*
opeklina f o·pek·*lee*·na *burn*
osebna izkaznica f o·*seb*·na eez·*kaz*·nee·tsa *identification (card)*
ošpice f pl *osh*·pee·tse *measles*
otok m *o*·tok *island*
otroci m pl ot·*ro*·tsee *children*
otrok m ot·*rok* *child*
otroška hrana f ot·*rosh*·ka *hra*·na *baby food*
otroški sedež m ot·*rosh*·ke se·dezh *child seat*

P

paket m pa·*ket* *package*
papir m pa·*peer* *paper*
parkirati par·*kee*·ra·tee *park (car)*
parkirišče n par·kee·*reesh*·che *car park*
pasti *pas*·tee *fall*
penzion m pen·zee·*on* *boarding house*
pepelnik m pe·*pel*·neek *ashtray*
peron m pe·*ron* *platform*
pes m pes *dog*
pijača f pee·*ya*·cha *drink*
pijan *pee*·yan *drunk*
pisalo n pee·*sa*·lo *pen*
pisati *pee*·sa·tee *write*
pismo n *pees*·mo *letter (mail)*
piščanec m peesh·*cha*·nets *chicken*
piti *pee*·tee *drink* v
pivo n *pee*·vo *beer*
plačati *pla*·cha·tee *pay*
plačilo n pla·*chee*·lo *payment*
plašč m plashch *coat*
plavati *pla*·va·tee *swim*
plaža f *pla*·zha *beach*
plenica f ple·*nee*·tsa *nappy* • *diaper*
plesati ple·*sa*·tee *dance* v
pločevinka f plo·che·*veen*·ka *can* • *tin*
po po *after*
poceni po·*tse*·nee *cheap*
počasi po·*cha*·see *slowly*
počitnice f pl po·*cheet*·nee·tse *holidays* • *vacation*
počivati po·*chee*·va·tee *rest*
podeželje n po·de·*zhel*·ye *countryside*
podjetje n pod·*yet*·ye *business (firm)*
podpis m pod·*pees* *signature*
pohod m po·*hod* *hike*
pohodništvo n po·*hod*·neesh·tvo *hiking*
poklicati po·*klee*·tsa·tee *ring (phone)*
pokvarjen pok·*var*·yen *broken (faulty)* • *off (food)*
pol poh *half*
poleg *po*·leg *near*
policija f po·lee·*tsee*·ya *police*

Slovene–English dictionary R

policijska postaja f po·lee·*tseey*·ska pos·*ta*·ya police station
poln pohn full
polno zaseden poh·no za·*se*·den booked out
polog m *po*·log deposit
pomemben po·*mem*·ben important
pomoč f po·*moch* help
popoldne n po·*poh*·dne afternoon
popraviti pop·*ra*·vee·tee repair
popust m po·*poost* discount
posel m *po*·se·oo business
poskusiti pos·*koo*·see·tee try
poslati pos·*la*·tee send
poslovnež m pos·*lov*·nezh businessperson
poslovni razred m pos·*lov*·nee *raz*·red business class
poslušati pos·*loo*·sha·tee listen
postaja f pos·*ta*·ya station
postajališče za taksi n pos·ta·ya·*leesh*·che za tak·see taxi stand
postelja f pos·*tel*·ya bed
posteljnina f pos·*tel'*·nee·na bedding
poškodba f posh·*kod*·ba injury
pošta f *posh*·ta mail · post office
poštna številka f *posht*·na shte·*veel*·ka postcode
poštnina f posht·*nee*·na postage
pot f pot path
potiskati po·*tees*·ka·tee push
potni list m *pot*·nee leest passport
potnik m *pot*·neek passenger
potovalna agencija f po·to·*val*·na a·gen·*tsee*·ya travel agency
potovalni ček m po·to·*val*·nee chek travellers cheque
potrditi po·tuhr·*dee*·tee confirm (a booking)
povratna vozovnica f pov·*rat*·na vo·zov·*nee*·tsa return ticket
pozen *po*·zen late
pralni stroj m *pral*·nee stroy washing machine

pralnica f *pral*·nee·tsa laundry (place)
prati *pra*·tee wash (something)
prav prow right (correct)
prazen *pra*·zen empty
prebod m pre·*bod* puncture
prehlad m preh·*lad* cold (illness)
prej prey before
preklicati prek·*lee*·tsa·tee cancel
prenosnik m pre·*nos*·neek laptop
preoblačilnica f pre·ob·la·*cheel*·nee·tsa changing rooms
prevesti pre·*ves*·tee translate
prevleka za blazino f prev·*le*·ka za bla·*zee*·no pillowcase
prevzem prtljage m prev·*zem* puhrt·*lya*·ge baggage claim
prha f *puhr*·ha shower
pribor m pree·*bor* cutlery
prihodi m pl pree·*ho*·dee arrivals
priimek m pree·*ee*·mek surname
prijatelj/prijateljica m/f pree·*ya*·tel'/pree·*ya*·tel·yee·tsa friend
prijava za let f pree·*ya*·va za let check-in
priporočena pošta f pree·po·ro·*che*·na *posh*·ta registered mail
prispeti pree·*spe*·tee arrive
priti *pree*·tee come
prodaja vozovnic f pro·*da*·ya vo·zov·neets ticket office
proga f *pro*·ga line
promet m pro·*met* traffic
prost prost free (not bound) · vacant
prsi f pl *puhr*·see chest
prst m puhrst finger
prtiček m puhr·*tee*·chek napkin
prtljaga f puhrt·*lya*·ga luggage (baggage)
prvi razred m *puhr*·vee *raz*·red first class

R

rabljen *rab*·lyen second-hand
račun m ra·*choon* bill (account/check) · receipt

LOOK UP

89

S Slovene–English dictionary

računalnik m *ra-choo-nal-neek* computer
ramena f pl *ra-me-na* shoulders
razglednica f *raz-gled-nee-tsa* postcard
razkužilo n *raz-koo-zhee-lo* antiseptic
razprodaja f *raz-pro-da-ya* sale
registracija f *re-gees-tra-tsee-ya*
   car registration
reka f *re-ka* river
restavracija f *res-tav-ra-tsee-ya* restaurant
rešilni avto m *re-sheel-nee av-to*
   ambulance
rešilni jopič m *re-sheel-nee yo-peech*
   life jacket
rezati *re-za-tee* cut
rezervacija f *re-zer-va-tsee-ya* reservation
rezervirati *re-zer-vee-ra-tee* book (reserve)
rjuha f *ryoo-ha* sheet (bed)
robčki m pl *rob-chkee* tissues
ročna obrt f *roch-na o-buhrt* handicrafts
ročna torbica f *roch-na tor-bee-tsa*
   handbag
roka f *ro-ka* arm • hand
rokavice f pl *ro-ka-vee-tse* gloves

S

sadje n pl *sad-ye* fruit
sam *sam* alone
sedeti *se-de-tee* sit
sedež m *se-dezh* seat
semafor m *se-ma-for* traffic lights
seneni nahod m *se-ne-nee na-hod*
   hay fever
servis m *ser-vees* service station
sestra f *ses-tra* sister
sever m *se-ver* north
sin m *seen* son
skleda f *skle-da* bowl
skodelica f *sko-de-lee-tsa* cup
skupaj *skoo-pai* together
slab *slab* bad
slaba prebava f *sla-ba pre-ba-va*
   indigestion

slabost f *sla-bost* nausea
sladek *sla-dek* sweet
sladkorna bolezen f
   slad-kor-na bo-le-zen diabetes
slovar m *slo-var* dictionary
služba f *sloozh-ba* job
smučanje n *smoo-cha-nye* skiing
sneg m *sneg* snow
soba f *so-ba* room
soba za dva f *so-ba za dva* double room
sonce n *son-tse* sun
sončna očala n pl *son-chna o-cha-la*
   sunglasses
sončne opekline f
   son-chne o-pek-lee-ne sunburn
spalna vreča f *spal-na vre-cha* sleeping bag
spalnica f *spal-nee-tsa* bedroom
spalnik m *spal-neek* sleeping car
spati *spa-tee* sleep
spominek m *spo-mee-nek* souvenir
sporočilo n *spo-ro-chee-lo* message
sprememba f *spre-mem-ba* change
spremeniti *spre-me-nee-tee* change v
sprevodnik m *spre-vod-neek*
   ticket collector
sprostiti se *sros-tee-tee se* relax
spet *spet* again
spodnje perilo n *spod-nye pe-ree-lo*
   underwear
srajca f *srai-tsa* shirt
srbečica f *suhr-be-chee-tsa* itch
srce n *suhr-tse* heart
star *star* old
starši m pl *star-shee* parents
stavba f *stav-ba* building
steklenica f *stek-le-nee-tsa* bottle
steza f *ste-za* footpath
stol m *stoh* chair
stop *stop* hitchhike • stop
stopalo n *sto-pa-lo* foot
stopnice f *stop-nee-tse* stairway
stranišče n *stra-neesh-che* toilet
strošek m *stro-shek* cost

Slovene–English dictionary

sušiti soo-*shee*-tee dry (clothes) v
svetloba f *svet*-*lo*-ba light
svetlomer m svet-*lo*-*mer* light meter
svež svezh fresh
svinčnik m *sveench*-neek pencil

Š

šampon m sham-*pon* shampoo
šivanka f shee-*van*-ka needle (sewing)
škarje f pl *shkar*-ye scissors
škatla f *shkat*-la box
škornji m pl *shkor*-nyee boots
šotor m *sho*-tor tent
špecerija f shpe-tse-*ree*-ya grocery
število n *shte*-*vee*-lo number

T

tableta f tab-*le*-ta pill
tekoče stopnice f te-*ko*-che stop-*nee*-tse escalator
telefonska kartica f te-le-*fon*-ska *kar*-tee-tsa phonecard
telefonski imenik m te-le-*fon*-skee ee-me-*neek* phone book
temperatura f tem-pe-ra-*too*-ra temperature (weather)
težek *te*-zhek heavy
ti tee you sg inf
tih teeh quiet
tla n pl tla floor
to to this
toaletni papir m to-a-*let*-nee pa-*peer* toilet paper
točka f *toch*-ka point
tolmač f tol-*mach* interpreter
topel *to*-pe-oo warm
torba f *tor*-ba bag
tranzitna čakalnica f tran-*zeet*-na cha-*kal*-nee-tsa transit lounge
trd tuhrd hard

Š

trgovina f tuhr-go-*vee*-na shop • supermarket
tržnica f *tuhrzh*-nee-tsa market
tuj tooy foreign
tukaj *too*-kai here
turistični razred m too-*rees*-*teech*-nee *raz*-red economy class
turistični urad m too-*rees*-*teech*-nee *oo*-rad tourist office

U

uho n oo-*ho* ear
ulica f *oo*-lee-tsa street
umazan oo-*ma*-zan dirty
umiti se oo-*mee*-tee se wash (yourself)
unovčiti oo-*nov*-chee-tee cash (a cheque)
upokojenec m oo-po-*ko*-ye-nets pensioner
upravitelj m oo-pra-*vee*-tel' manager
ura f *oo*-ra time (clock)
urad za izgubljene predmete m *oo*-rad za eez-*goob*-lye-ne pred-*me*-te lost-property office
uspavalne tablete f pl oos-pa-*val*-ne tab-*le*-te sleeping pills
usta f pl *oos*-ta mouth

V

varen *va*-ren safe
varnostni pas m *var*-nost-nee pas seatbelt
varuška f *va*-roosh-ka babysitter
vas f vas village
vata f *va*-ta cotton balls
včeraj *vche*-rai yesterday
večer m ve-*cher* evening
večerja f ve-*cher*-ya dinner
vegetarijanski ve-ge-ta-*ree*-*yan*-skee vegetarian
velik *ve*-leek big
velikost f ve-lee-*kost* size
ventilator m ven-*tee*-*la*-tor fan (machine)

Z Slovene–English dictionary

vi *vee* you sg pol & pl
vilice f pl *vee·lee·tse* fork
vino n *vee·no* wine
visoko *vee·so·ko* high
vključen *vklyoo·chen* included
vlak m *vlak* train
vleči *vle·chee* pull
voda f *vo·da* water
vodnik m *vod·neek*
 guide (person) • guidebook
vonj m *von'* smell
voziti *vo·zee·tee* drive
vozni red m *voz·nee red* timetable
vozniško dovoljenje n *voz·neesh·ko do·vol·yen·ye* drivers licence
vozovnica f *vo·zov·nee·tsa* ticket
vrniti *vr·nee·tee* return
vroče *vro·che* hot
vročina f *vro·chee·na*
 fever • heat • temperature
vrt m *vuhrt* garden
vsak *vsak* each
vse *vse* all • everything
vstopiti *vsto·pee·tee* enter
vstopni kupon m *vstop·nee koo·pon*
 boarding pass
vstopnina f *vstop·nee·na*
 admission price • cover charge
vtikač m *vtee·kach* plug
vzhod m *vzhod* east
vžigalice f pl *vzhee·ga·lee·tse* matches
vžigalnik m *vzhee·gal·neek* cigarette lighter

Z

začeti *za·che·tee* begin
zadaj *za·dai* behind
zahod m *za·hod* west
zajtrk m *zai·tuhrk* breakfast
zakaj *za·kai* why
zaklenjen *zak·len·yen* locked
zakon m *za·kon* law
zamašen *za·ma·shen* blocked

zamaški za ušesa m pl
 za·mash·kee za oo·she·sa earplugs
zamuda f *za·moo·da* delay
zapeka f *za·pe·ka* constipation
zapestna ura f *za·pest·na oo·ra* watch
zapreti *za·pre·tee* close (shut)
zaprt *za·puhrt* closed
zaseben *za·se·ben* private
zaseden *za·se·den* busy
zavarovanje n *za·va·ro·van·ye* insurance
zavitek m *za·vee·tek* packet
zavore f pl *za·vo·re* brakes (car)
zdaj *zdai* now
zdravilo n *zdra·vee·lo* drug • medicine
zdravnik m *zdrav·neek* doctor
zelenjava f *ze·len·ya·va* vegetable
zemljevid m *zem·lye·veed* map
zgodaj *zgo·dai* early
znamka f *znam·ka* stamp
zobna nitka f *zob·na neet·ka* dental floss
zobna pasta f *zob·na pas·ta* toothpaste
zobna ščetka f *zob·na shchet·ka* toothbrush
zobobol m *zo·bo·bol* toothache
zobotrebec m *zo·bo·tre·bets* toothpick
zobozdravnik m *zo·bo·zdrav·neek* dentist
zračnica f *zrach·nee·tsa* tube (tyre)
zunaj *zoo·nai* outside
zvezek m *zve·zek* notebook
zvin m *zveen* sprain

Ž

žarometi m pl *zha·ro·me·tee* headlights
žeja f *zhe·ya* thirst
železniška postaja f *zhe·lez·neesh·ka pos·ta·ya* train/railway station
želodec m *zhe·lo·dets* stomach
žena f *zhe·na* wife
ženska f *zhen·ska* woman
žepni nož m *zhep·nee nozh* penknife
žimnica f *zheem·nee·tsa* mattress
žlica f *zhlee·tsa* spoon
žulj m *zhool'* blister

A

abbreviations	5
accommodation	56
addresses	8, 49, 53, 56
addressing people	6
admission (sightseeing)	15
age	11
airplane	50
alcoholic drinks	32
allergies	33, 65
ambulance	62
amounts	33
appointments (business)	61
art	14, 27
assault	63
ATM	45

B

baggage	51, 59, 63
bags (shopping)	20
bank	45
banking	45
bargaining	22
bars	26, 28, 32
basic phrases	6
beer	32
beliefs	12
bill (restaurant)	30
boat	15, 50
booking (accommodation)	56
booking (restaurant)	28
booking (travel)	51
books	23, 27
bus	50, 53
business	60
buying food	33
buying things	20

C

cafés	26, 28
camera (photography)	24, 48
camping ground	56
car	54
cell phone	47
changing money	45, 58
checking in (accommodation)	56
checking out (accommodation)	59
cinema	26, 27
citizenship	9
civilities	6
clothes	22
clubs	26
coffee	30
colours	67
compass points	50
complaints (accommodation)	58
complaints (photography)	25
complaints (shopping)	21
complaints (taxi)	54
computer facilities	48, 61
concerts	26, 27
conditions (health)	65
conferences (business)	60
contact details	8
cost (accommodation)	57
cost (banking)	46
cost (car hire)	54
cost (food)	33
cost (general)	22
cost (internet)	48
cost (phone)	46
cost (sightseeing)	15
cost (taxi)	54
cost (travel)	51
countries	9
credit cards	22, 57, 63

D

dancing	27
dates (time)	68
days of the week	68
day trips	15
dentist	64
deposits	59
dictionary (English-Slovene)	70
dictionary (Slovene-English)	84
digital photos	24, 48
directions	49

INDEX

93

INDEX

discounts	15
doctor	62, 64
drinks (alcoholic)	32
drinks (nonalcoholic)	30

E

eateries	29
elevators	58
email	8, 48, 61
embassies	63
emergencies	62
English (use of)	8, 13, 23, 64
entertainment	26
excursions	15
exhibitions	14

F

feelings	11, 65
film (camera)	24
food & drink	28

G

galleries	14
gay travellers	26
going out	26
greetings	6
guarantee (shopping)	20
guides	13, 16

H

health	64
hire (car & motorbike)	54
hobbies	27
holidays	7
hospital	64
hotel	56

I

illnesses	65
insurance	63
interests	27
internet	48, 61

interpreter	61
introductions	7, 60
invitations	61

J

jobs	10

K

keys	58

L

language difficulties	8
laundry	58
local food	28, 33
lost	16, 52, 62, 63
luggage	51, 59, 63

M

mail	45
maps	13, 23, 49
market	20
marriage	9
measures (amounts)	33
medication	64, 66
meetings (business)	60
meeting people	6
meeting up (going out)	27
menu	30, 35
menu decoder	34
mobile phone	47
money	45, 63
months	68
motorbike	54
movies	26, 27
museums	14
music	23, 27

N

newspapers	23
nonalcoholic drinks	30
nonsmoking	28, 52
numbers	67

O

occupations	10
ordering (drinks)	32
ordering (food)	30
ordering (taxi)	53
outdoor activities	17

P

parking (car)	55
passport	25, 59, 63
paying	22, 57
personal details	9
petrol (gas)	55
pharmacist	64
photography	24
police	62
post office	45
prescriptions (medical)	63, 64, 66
public phone	47
pubs	26

Q

quantities	33
queries (accommodation)	58
queries (shopping)	20
queries (travel)	50

R

reading	23, 27
receipts	22
refunds	21
religion	12
requests (accommodation)	58
requests (restaurant)	30
requests (shopping)	20
requests (taxi)	53
reservations (accommodation)	56
reservations (restaurant)	28
reservations (travel)	51
restaurants	26, 28
road signs	55
robbery	62, 63
room (hotel)	57, 58

S

seasons	69
seating (travel)	51, 52
shoes	22
shopping (food)	33
shopping (general)	20
shopping destinations	21
sightseeing	13
sightseeing destinations	18
signs (transport)	55
sizes (clothes & shoes)	23
Slovene language facts	5
small talk	27
special diets	33
sport	27
study	7, 10
symptoms (health)	65

T

taking photos	13
taxi	53
telephone	8, 46, 58, 62
telling the time	68
theatre	26
tickets (travel)	51
titles (addressing people)	6
toilets	52, 59, 62
tours	15, 58
train	50, 53
transport	50
travellers cheques	22, 45, 57, 63

V

vaccinations	64
valuables	52, 58, 59, 63
vegetarian food	33

W

water (drinkable)	30
weather	12
wine	31, 32
women travellers	64, 66
work	60

INDEX

95

What kind of traveller are you?

A. You're eating chicken for dinner *again* because it's the only word you know.
B. When no one understands what you say, you step closer and shout louder.
C. When the barman doesn't understand your order, you point frantically at the beer.
D. You're surrounded by locals, swapping jokes, email addresses and experiences – other travellers want to borrow your phrasebook or audio guide.

If you answered A, B, or C, you NEED Lonely Planet's language products ...

- **Lonely Planet Phrasebooks** – for every phrase you need in every language you want
- **Lonely Planet Language & Culture** – get behind the scenes of English as it's spoken around the world – learn and laugh
- **Lonely Planet Fast Talk & Fast Talk Audio** – essential phrases for short trips and weekends away – read, listen and talk like a local
- **Lonely Planet Small Talk** – 10 essential languages for city breaks
- **Lonely Planet Real Talk** – downloadable language audio guides from lonelyplanet.com to your MP3 player

... and this is why

- **Talk to everyone everywhere**
  Over 120 languages, more than any other publisher
- **The right words at the right time**
  Quick-reference colour sections, two-way dictionary, easy pronunciation, every possible subject – and audio to support it

Lonely Planet Offices

Australia
90 Maribyrnong St, Footscray,
Victoria 3011
☎ 03 8379 8000
fax 03 8379 8111
✉ talk2us@lonelyplanet.com.au

USA
150 Linden St, Oakland,
CA 94607
☎ 510 893 8555
fax 510 893 8572
✉ info@lonelyplanet.com

UK
72-82 Rosebery Ave,
London EC1R 4RW
☎ 020 7841 9000
fax 020 7841 9001
✉ go@lonelyplanet.co.uk

lonelyplanet.com